はじめに

お友だちのおうちへ遊びに行く約束をしていた、とある日。
家族ぐるみのお付き合いだと、持ち寄りごはんになることが多いのですが、
日々パンを焼いている私は、自然と「パン担当」になります。
まるパンをたくさん焼くのは大変。そして、本音はちょっとだけめんどう。
そんな時は決まって、分割なしの大きなパンを焼くことにしています。

材料を混ぜたら、3分こねて一次発酵。その間にあれこれ家事を済ませます。
発酵が終わった生地は、手で形を整えて天板へ。パン生地が再びふくらんだら、
オーブンへ。そうすると、お店に並んでいるような大きなパンのでき上がり。

そう、この本のパンはこねる時間が3分と短いし、小さく分割する作業もなし。
焼き上がったパンは、絵本に出てきそうなどっしりとした迫力があり、
食感は想像しているよりも、うんともっちり、そしてしっとりしているのです。

パン作りはこねる作業が疲れそう。不器用な私にはできなさそう。
いえいえ、そんなことはないのですよ。一度レシピにそって焼いてみてください。
「意外と簡単」、きっとそう思ってもらえるはずです。

とある日の夕飯、私はお料理と一緒に大きなパンをふるまいます。
分割はなし、大きく丸めてこんがりと焼き上がったら、
カッティングボードの上に置いて、焼きたてのパンを切り分けます。
それだけでもう、食卓は豊かなものになります。

大きなパンをひとつ焼いて、それをみんなで仲よく切り分け、あつあつをほおばり、
おいしいねと会話がはずむ。ほら、幸せなパンの時間のでき上がりです。

幸栄(ゆきえ)

この本のパンについて

1. バターも卵も使いません

バターも卵も使わない、最小限の材料で焼くパン生地。そんなレシピを長い間提案していると、バターや卵を否定していると思われることが多いようです。いえいえ、バターも卵もおいしくて好きですし、この本ではバターを塗って焼くパンも、少しだけご紹介しています。でも、毎日食べるパンは、白いごはんのようにシンプルにしたい。そして強力粉とイーストさえあれば、あとは塩と砂糖、水があればいい。きっとそんなレシピこそが、日常になるパン作りなのだと思っています。

2. イーストは、ほんの少しだけ

材料を少なくすると、おいしさや味わい深さのない、味けないパンになるのでは？とよく聞かれます。生地をただふくらませるだけでなく、発酵させてくれるのがイースト。私のパンのレシピで使うイーストは、通常の半分以下の2g。少ないぶん発酵に時間をかけることで、パンのうまみや、幸せになるあの香りを生み出してくれるのです。「おいしくなってね」と、発酵の時間をゆっくり待ちましょう。

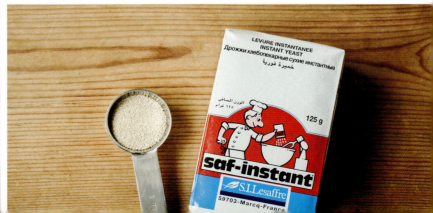

3. こねるのは、たったの3分

この本を手にとってくださっているあなたは、お仕事をしているのかな。それとも、子育てに追われる毎日かな。さまざまな人の生活の中には、さまざまなパン作りがあると思います。何の予定もない日に楽しんで焼いている人もいれば、とても疲れているけれど、なんだか無性にパン生地に触れたいという方も。私のパンは生地を混ぜたあとに休憩時間をとることで、こね時間を短くしてあります。どんな時でも、こねる作業が3分ほどで終わるのであれば、なんとなくやる気がわいてきませんか？

4. 型も特別な道具もいりません

「このパンは○○がないと作れません」と、レッスンが終わるたびに専用の道具を買うことをすすめてくる。パン作りを始めて間もない頃、そんな教室に通っていました。知識が浅いと、その道具が必要なのかどうかもわからないし、でも、あまり使わない道具がふえることは苦手だし、お金もかかるし…。慌ててあれこれ買いそろえず、身近にある道具をできるだけ使い、まずはパンを焼くことを楽しんでみてください。特別な道具はなくても、パンを焼くことはできるのです。

もくじ

Basic
8 基本の でっかまるパン を作ってみよう

1章 シンプルでっかパン

12 ①でっかしかくパン
14 ②でっかながパン
16 ③でっかたいらパン
18 ④でっかくるくるパン

2章 おかずでっかパン

22 全粒粉白すりごまパン
23 青のりにんにくパン
24 粉チーズピーナッツパン
25 くるみパン
25 コーンパン
26 塩バターパン
26 黒こしょうチーズパン
27 ベーコンエピ
34 粒マスタードパセリパン
35 ハムチーズパン
36 黒ごま青じそパン
37 カレーツナパン
42 ウインナバジルパン
44 じゃがいもみそパン
46 ゆで卵マヨネーズパン
48 プチトマトパン
48 まいたけチーズパン

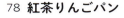

4章 ごちそうでっかパン

- 78　紅茶りんごパン
- 79　3種のナッツパン
- 80　カマンベールパン
- 81　ブルーチーズくるみパン
- 86　ライ麦カレンツパン

【コラム】
- 20　材料について
- 50　道具について
- 76　パンによく合うジャム
  （りんごしょうがジャム／ミルクジャム／バナナシナモンジャム／グレープフルーツレモンジャム）

3章 おやつでっかパン

- 52　レーズンパン
- 53　黒糖シナモンパン
- 54　シュガーバターパン
- 54　きなこチョコチップパン
- 55　全粒粉プルーンパン
- 56　バナナシュガーパン
- 57　あんずくるみパン
- 57　抹茶金時豆パン
- 64　こしあんきなこパン
- 65　かぼちゃクリームチーズパン
- 65　レモンピールホワイトチョコパン
- 66　紅茶いちじくパン
- 66　ラズベリークリームチーズパン
- 67　アーモンドシュガーバターパン
- 72　コーヒーみつあみパン
- 74　ココアチョコパン

{この本での約束ごと}
- 大さじ1は15ml、小さじ1は5ml、1カップは200mlです。
- 生地の発酵時間は、室温が20℃の時の目安です。必ず生地の状態を見ながら調整してください。
- オーブンは、あらかじめ設定温度に温めておきます。焼き時間は、熱源や機種などによって多少差があります。レシピの時間を目安に、様子を見ながら加減してください。
- ガスオーブンを使う場合は、レシピの温度を10℃ほど低くしてください。

Basic

基本の
でっかまるパンを
作ってみよう

粉、砂糖、塩、イースト、水だけでどっしりと焼き上げるパンは、
まるで絵本の1ページに出てきそうな、かわいらしさと存在感。
大きなパンは、砂糖の分量をほんの少しふやすことで、
焼き色がしっかりつき、よりしっとりした食感が楽しめます。
粉の10%を全粒粉にしたり、切り込みをふやしてもいいですね。

❶ 材料を混ぜる

[材料]（直径17cmのもの1個分）
A ｜ 強力粉…300g
　｜ きび砂糖…大さじ2
　｜ 塩…小さじ1
ドライイースト…小さじ½（2g）
水…185g

ボウルにAを入れ、ゴムベラでぐるぐるっと混ぜ、ドライイーストも加えてぐるぐるっと混ぜる。

まん中にくぼみを作って水を加え、ゴムベラで混ぜる。
＊発酵がスムーズにいく水の温度の目安は、春・秋は30℃（ぬるま湯）、冬は35℃（ぬるま湯）、夏は20℃。寒い季節はぬるま湯、暑い季節は冷水にして

なじんだら、ボウルの中で軽くこねる。粉のダマがなくなり、ベタつくようになったら、ひとまとめにする。

❺ ベンチタイム（20分）

打ち粉（強力粉・分量外）をふった台に取り出し、生地と手にも打ち粉をふり、手の側面で数回なでるようにして、生地のきれいな面を張らせるようにして軽く丸める。

台にのせ、かたく絞ったぬれぶきんをかけ、20分休ませる。
＊底はとじなくていい

❻ 成形＆二次発酵させる（60分くらい）

再び手で数回なでるようにして、生地のきれいな面を張らせるようにして丸め直す。
＊手に打ち粉をふると作業しやすい

底は、指でつまんでしっかりとじる。

❷ 休ませる（10分）

ぬらしてかたく絞ったふきんをかけ、生地が乾燥しないようにして、10分休ませる。

❸ こねる（3分）

台に取り出し、生地の向こう側を手前に少し折りたたむようにしては、

向こうに押し出すのをくり返してこねる。生地が横長になったら、90度回して向きを変え、同様にこねるのを3分くり返す。
＊ベタつかず、なめらかになるまで

❹ 一次発酵させる（3時間くらい）

太白ごま油（分量外）を薄く塗ったボウルに入れ、かたく絞ったぬれぶきんをかけ、暖かい場所で2倍くらいの大きさになるまで発酵させる。
＊室温20℃で3時間が目安

◎「暖かい場所」とは…
私は、キッチンのテーブルの上に置いています。直射日光が当たる場所、エアコンの下などの乾燥する場所は避けましょう。

❼ 焼く

オーブンシートを敷いた天板にとじ目を下にしてのせ、手で押して少し平らにする。かたく絞ったぬれぶきんをかけ、暖かい場所でひとまわり大きくなるまで発酵させる。
＊室温20℃で60分が目安

強力粉（分量外）を茶こしでふり、かみそりで3本切り込みを入れる。
＊切り込みは、まん中⇒両端の順に入れるとスムーズ
＊かみそりの刃が半分入る深さが目安。一度でうまくいかなければ、2〜3回入れて

切り込みにスプーンで太白ごま油（分量外）を少したらすと、開きやすくなる。

霧吹きで水をかけ、210℃に温めたオーブンで17〜18分焼く。
＊焼きが足りなければ、温度を10〜20℃上げて調整を

1章 シンプルでっかパン

① でっかしかくパン

四角い形をしたパンって、ちょっとめずらしいかもしれません。
上下、左右を折りたたみ、四角く整えて焼き上げるのですが、
この2度の折りたたみが、生地のボリューム感を出してくれます。
はちみつのおかげで、やさしい甘さとさっくり感も加わります。

[材料]（16cm角のもの1個分）

A | 強力粉…300g
　| 塩…小さじ1
　| ドライイースト…小さじ½（2g）
B | 水…185g *
　| はちみつ…大さじ1*

*混ぜておく
◎寒い季節は水をぬるま湯、暑い季節は冷水にして

① 生地をこねる

ボウルにAを入れてゴムベラで混ぜ、ドライイーストも加えて混ぜる。まん中にBを加えてゴムベラで混ぜ、なじんだらボウルの中で軽くこねる。

粉のダマがなくなり、ベタついてきたらひとまとめにし、ぬれぶきんをかけて10分休ませる。

台に取り出し、両手で生地を折りたたんでは、向こうに押し出すのをくり返してこねる。90度向きを変えながら、3分くらい。

② 一次発酵させる（3時間くらい）

太白ごま油（分量外）を薄く塗ったボウルに入れ、ぬれぶきんをかけ、暖かい場所（11ページ参照）で発酵させる。2倍くらいの大きさになればOK。

*室温20℃で3時間が目安

③ ベンチタイム（20分）

打ち粉（強力粉・分量外）をふった台に取り出し、生地の表面を張らせるようにして軽く丸めて（10ページ参照）台にのせ、ぬれぶきんをかけて20分休ませる。

④ 成形&二次発酵させる（60分くらい）

生地を裏返し、打ち粉をつけためん棒で20×20cmの正方形にのばし、上⅓、少し重ねるようにして下⅓も折りたたむ。めん棒で少し平たくする。

左⅓、少し重ねるようにして右⅓も折りたたみ、合わせ目と上下を指でつまんでとじる。生地を裏返し、めん棒で15×15cmの正方形に整える。

オーブンシートを敷いた天板にのせ、ぬれぶきんをかけ、暖かい場所で60分発酵させる。ひとまわり大きくなればOK。

⑤ 焼く

強力粉（分量外）を茶こしでふり、かみそりで十字に切り込みを入れる。霧吹きで水をかけ、210℃に温めたオーブンで17〜18分焼く。

*切り込みに油をたらすと開きやすい

② でっかなパン

どっしりとした姿がたくましくも見える、大きくて長いパン。
全粒粉を加えることで、より素朴で味わい深い仕上がりに。
細長い成形は、どちらかというと難しい工程だと思うので、
不格好になってもいいんです。何度か焼くうちに慣れてきますよ。

[材料]（27cm長さのもの1本分）

A ｜ 強力粉…270g
　｜ 全粒粉（強力粉タイプ）…30g
　｜ きび砂糖…大さじ2
　｜ 塩…小さじ1
ドライイースト…小さじ1/2（2g）
水…185g

◎寒い季節は水をぬるま湯、
　暑い季節は冷水にして

① 生地をこねる

ボウルにAを入れてゴムベラで混ぜ、ドライイーストも加えて混ぜる。まん中に水を加えてゴムベラで混ぜ、なじんだらボウルの中で軽くこねる。

粉のダマがなくなり、ベタついてきたらひとまとめにし、ぬれぶきんをかけて10分休ませる。

台に取り出し、両手で生地を折りたたんでは、向こうに押し出すのをくり返してこねる。90度向きを変えながら、3分くらい。

② 一次発酵させる（3時間くらい）

太白ごま油（分量外）を薄く塗ったボウルに入れ、ぬれぶきんをかけ、暖かい場所（11ページ参照）で発酵させる。2倍くらいの大きさになればOK。

＊室温20℃で3時間が目安

③ ベンチタイム（20分）

打ち粉（強力粉・分量外）をふった台に取り出し、生地の表面を張らせるように軽く丸めて（10ページ参照）台にのせ、ぬれぶきんをかけて20分休ませる。

④ 成形＆二次発酵させる（60分くらい）

生地を裏返し、手で押して横長の四角形にし、打ち粉をつけためん棒で22×15cmにのばす。

向こう側からしっかりめにくるくる巻き、巻き終わりを指でつまんでとじる。

＊25cm長さくらいになればいい
＊両端が少し細くなるように整えて

オーブンシートを敷いた天板にのせ、ぬれぶきんをかけ、暖かい場所で60分発酵させる。ひとまわり大きくなればOK。

⑤ 焼く

全粒粉（分量外）を茶こしでふり、かみそりで斜めに5本切り込みを入れる。霧吹きで水をかけ、210℃に温めたオーブンで17〜18分焼く。

＊切り込みに油をたらすと開きやすい

③ でっかたいらパン

とびきり大きなフォカッチャのような、平らなパン。
生地にオリーブ油を加え、仕上げにも塗り、香ばしく焼きます。
大事なポイントは、穴のあけ方。思っているよりもしっかりと、
生地をのせた天板に指が触れるくらいまで押すのがコツです。

[材料]（22×16cmのもの1個分）

A ｜ 強力粉…300g
　｜ きび砂糖…大さじ2
　｜ 塩…小さじ1
ドライイースト…小さじ1/2（2g）
B ｜ 水…185g
　｜ オリーブ油…大さじ1
仕上げ用の塩…ひとつまみ

◎寒い季節は水をぬるま湯、暑い季節は冷水にして

① 生地をこねる

ボウルにAを入れてゴムベラで混ぜ、ドライイーストも加えて混ぜる。まん中にBを加えてゴムベラで混ぜ、なじんだらボウルの中で軽くこねる。

粉のダマがなくなり、ベタついてきたらひとまとめにし、ぬれぶきんをかけて10分休ませる。

台に取り出し、両手で生地を折りたたんでは、向こうに押し出すのをくり返してこねる。90度向きを変えながら、3分くらい。

② 一次発酵させる（3時間くらい）

太白ごま油（分量外）を薄く塗ったボウルに入れ、ぬれぶきんをかけ、暖かい場所（11ページ参照）で発酵させる。2倍くらいの大きさになればOK。

＊室温20℃で3時間が目安

③ ベンチタイム（20分）

打ち粉（強力粉・分量外）をふった台に取り出し、生地の表面を張らせるようにして軽く丸め（10ページ参照）、底は指でつまんでしっかりとじる。

台にのせてぬれぶきんをかけ、20分休ませる。

④ 成形＆二次発酵させる（60分くらい）

打ち粉をつけためん棒で、21×15cmのだ円にのばす。

オーブンシートを敷いた天板にのせ、ぬれぶきんをかけ、暖かい場所で60分発酵させる。ひとまわり大きくなればOK。

⑤ 焼く

表面にオリーブ油（分量外）を塗って塩をふり、人さし指で3×3列に底まで穴をあける。210℃に温めたオーブンで17～18分焼く。

④ でっかしるくるパン

水のかわりに豆乳で仕込む、もっちり生地のパン。
シナモンときび砂糖を巻き込んで焼く、シナモンロールです。
うず巻きを作るために、生地を薄くのばすことが大切ですが、
のびが悪かったら、ぬれぶきんをかけて5分ほど休ませて。

[材料]（18cm角のもの1個分）

A ｜ 強力粉…300g
　｜ きび砂糖…大さじ2
　｜ 塩…小さじ1
ドライイースト…小さじ1/2（2g）
調整豆乳…215g
【フィリング】
　きび砂糖…大さじ2
　シナモンパウダー…小さじ1

◎寒い季節は豆乳を軽く温め、暑い季節は冷たいままで

① 生地をこねる

ボウルにAを入れてゴムベラで混ぜ、ドライイーストも加えて混ぜる。まん中に豆乳を加えてゴムベラで混ぜ、なじんだらボウルの中で軽くこねる。

粉のダマがなくなり、ベタついてきたらひとまとめにし、ぬれぶきんをかけて10分休ませる。

台に取り出し、両手で生地を折りたたんでは、向こうに押し出すのをくり返してこねる。90度向きを変えながら、3分くらい。

＊ほかの生地よりもややベタつく

② 一次発酵させる（4時間くらい）

太白ごま油（分量外）を薄く塗ったボウルに入れ、ぬれぶきんをかけ、暖かい場所（11ページ参照）で発酵させる。2倍くらいの大きさになればOK。

＊室温20℃で4時間が目安

③ ベンチタイム（20分）

打ち粉（強力粉・分量外）をふった台に取り出し、生地の表面を張らせるようにして軽く丸めて（10ページ参照）台にのせ、ぬれぶきんをかけて20分休ませる。

④ 成形＆二次発酵させる（60分くらい）

生地を裏返し、手で押して横長の四角形にし、打ち粉をつけためん棒で27×24cmにのばす。手前側を2〜3cmあけてきび砂糖をふり、シナモンを茶こしでふる。

向こう側からくるくる巻き、巻き終わりを指でつまんでとじる。

＊きつすぎず、ゆるすぎず、ほどよい力加減で
＊27cm長さくらいになればいい

カードで9等分に切る。

＊先に3cm間隔で印をつけておくといい

⑤ 焼く

オーブンシートを敷いた天板に3×3列にのせ、手でぎゅっとくっつけ、ぬれぶきんをかけて暖かい場所で60分発酵させる。ひとまわり大きくなればOK。210℃に温めたオーブンで15〜16分焼く。

[コラム①]
材料について

この本で使っている材料をご紹介します。粉のほか砂糖や塩なども、やわらかな風味のものを選ぶと、やさしい味わいのパンになります。

● 強力粉

パン作りに欠かせない、タンパク質を多く含む小麦粉。「カメリヤ」はポピュラーで入手しやすく、通年扱いやすくておいしい粉。開封後は空気に触れないように口をしっかり閉じ、涼しい場所で保存し、早めに使いきりましょう。「カメリヤ 日清製粉」★

● 全粒粉

小麦を表皮(ふすま)や胚芽ごとひいたもので、香ばしさと素朴な味わいが魅力。ビタミン、ミネラル、食物繊維を豊富に含みます。多いとまとまりづらくなるので、私は粉の10〜15％にとどめています。パンには強力粉タイプを。「パン用全粒粉 日清製粉」★

● ドライイースト

スーパーでも売られている、予備発酵不要のインスタントドライイーストを使用。私は、フランス・サフ社の赤色ラベルを愛用しています。違うメーカーのものでもOK。保存は冷凍室で。「サフ 赤 インスタントドライイースト」★

● 砂糖

サトウキビの香りと風味が楽しめ、主張しすぎない味わいのきび砂糖を愛用しています。シンプルな材料で作るパンなので、砂糖の味わいはとても大切。三温糖や上白糖で作ってもOKです。「カップ印きび砂糖」★

● 塩

ミネラル分の多い、粒子の細かいもので、舌にのせてやわらかい味わいのものを。実は粉よりも重要なくらい、パンのおいしさを大きく左右する塩。ぜひおいしい塩を選んで。私は、フランス「ゲランドの塩 顆粒」を使っています。★

● 水

水道水を浄水器に通したものを使用。ミネラルウォーターの場合は、日本の水道水に近い軟水を選んで。硬度の高い水は、生地がしまりすぎたり、発酵が難しくなることがあるのでNG。また、アルカリイオン水は避けて。

● 油

発酵用のボウルに塗る、パンの切り込みにたらす、たいらパンの生地や仕上げに使う油は、クセのない太白ごま油がおすすめ。私は竹本油脂の「太白胡麻油」を使用。米油や菜種油、その他の植物油でもOKです。オリーブ油はエキストラ・バージンでなくていいので、好みの風味のものを。

● はちみつ

やさしい甘さを持ち、生地をしっとりさせてくれるはちみつ。私は「サクラ印ハチミツ」を愛用しています。クセが少なめの、お気に入りの味のものを選んで。★

● 豆乳

さらりとしてほんのり甘みのある、調製豆乳を使っています。生地に加えると、発酵にやや時間がかかりますが、もっちりとした食感のパンに。成分無調整の豆乳は、状態にかなり差があったり、発酵が難しくなるので、避けてください。

★の入手先は(富)⇒詳しくは88ページ

2章 おかずでっかパン

基本の5つの生地の持ち味を存分に生かしつつ、
身近な素材を混ぜ込んだ、お食事パンとおそうざいパンです。
使うのは、スーパーなどで手に入る材料ばかり。
扱いやすいように、具材はやや少なめにしています。
生地そのもののおいしさを、ぜひ味わってくださいね。

1. 全粒粉 白すりごまパン

栄養価の高い全粒粉を混ぜ込んだ、香ばしさ満点のパン。
全粒粉はふやしすぎると、まとまりづらくなるので気をつけて。
白すりごまも加えて、さらに香ばしく焼き上げれば、
バターはもちろん、和のおそうざいにもよく合います。

» 作り方は28ページ

2, 青のりにんにくパン

お好み焼きや焼きそばでおなじみの青のり。
パセリのようにパンに混ぜ込むと…これが意外と合うのです。
すりおろしたにんにくも加えたら、風味豊かな味わいに。
にんにくは先に水と合わせると、均等に混ざりやすくなります。

》作り方は29ページ

3. 粉チーズピーナッツパン

殻つき、薄皮つき、皮むきと、いろいろあるピーナッツですが、
生のものなら、必ずからいりしてから使って。
おつまみ用などの塩味がついているものもありますが、
仕上げの粉チーズを加減するなどして、使ってもいいですよ。

≫ 作り方は30ページ

ほんのりとした苦みが、くせになるおいしさのくるみ。
全粒粉入りの香ばしい生地に、たっぷり混ぜてみました。
慣れてきたら、くるみをあと20gふやしても。
» 作り方は31ページ

私が作るパンの中で、人気ベスト3に入るパン。
コーンの甘み、しっとりとした生地が最高です。
コーンは、汁けをしっかりきるのを忘れずに。
» 作り方は31ページ

4. くるみパン　　　5. コーンパン

6. 塩バターパン

やわらかくしたバターを塗って焼き上げた、リッチなおいしさのパンです。
バターは有塩、食塩不使用のどちらでも作れます。　》作り方は32ページ

7. 黒こしょうチーズパン

とりあえずチーズがのっていれば大満足、というくらい、
チーズパンが大好きなうちの娘たち。少し大人っぽく、
黒こしょうをピリリときかせたパン生地にしてみました。
》作り方は32ページ

8. ベーコンエピ

「麦の穂」という意味を持つエピ。ほかのパンと違うところは、
二次発酵が少し短めなこと。そして、麦の穂をイメージしながら、
はさみでチョキチョキと切り込みを入れて焼くこと。
ひと切れずつちぎりながら食べると、止まらないおいしさです。

》作り方は33ページ

1. 全粒粉白すりごまパン　まるパン

[材料]（直径17cmのもの1個分）

A ｜ 強力粉…260g
　｜ 全粒粉（強力粉タイプ）…40g
　｜ きび砂糖…大さじ2
　｜ 白すりごま…大さじ2
　｜ 塩…小さじ1
ドライイースト…小さじ½（2g）
水…190g

[作り方]

❶　ボウルにAを入れてゴムベラで混ぜ、ドライイースト⇒水の順に加えて混ぜる。ボウルの中で軽くこね、ひとまとめにし、ぬれぶきんをかけて10分休ませる。

❷　生地を台に取り出し、ベタつかなくなるまでこねる（3分）。油（分量外）を塗ったボウルに入れ、ぬれぶきんをかけ、暖かい場所で2倍になるまで発酵させる（3時間くらい）。

❸　打ち粉（強力粉・分量外）をふった台に取り出し、丸めて台にのせ、ぬれぶきんをかけて20分休ませる。

❹　生地を丸め直し、底はつまんでとじ、オーブンシートを敷いた天板にのせる。手で少し平らにし、ぬれぶきんをかけ、暖かい場所でひとまわり大きくなるまで発酵させる（60分くらい）。

❺　全粒粉（分量外）をふり、かみそりで5本切り込みを入れ、霧吹きで水をかけ、210℃に温めたオーブンで17〜18分焼く。

小麦を表皮（ふすま）や胚芽ごと粉にした全粒粉は、栄養価が高く香りがいい。強力粉と薄力粉があるので、パンには強力粉タイプを。「パン用全粒粉 日清製粉」（富）⇒入手先は88ページ

全粒粉を茶こしでふったら、かみそりで5本切り込みを入れる。まず、まん中に1本切り込みを入れ、それから両脇に入れると、バランスよく仕上がる。

2. 青のりにんにくパン

[材料]（16cm角のもの1個分）
A ｜ 強力粉…300g
　｜ 青のり…小さじ4
　｜ 塩…小さじ1
ドライイースト…小さじ1/2（2g）
B ｜ 水…185g＊
　｜ にんにく（すりおろす）…1かけ＊
　｜ はちみつ…大さじ1＊
仕上げ用の塩…ひとつまみ

＊混ぜておく

[作り方]
❶　ボウルにAを入れてゴムベラで混ぜ、ドライイースト⇒Bの順に加えて混ぜる。ボウルの中で軽くこね、ひとまとめにし、ぬれぶきんをかけて10分休ませる。
❷　生地を台に取り出し、ベタつかなくなるまでこねる（3分）。油（分量外）を塗ったボウルに入れ、ぬれぶきんをかけ、暖かい場所で2倍になるまで発酵させる（3時間くらい）。
❸　打ち粉（強力粉・分量外）をふった台に取り出し、丸めて台にのせ、ぬれぶきんをかけて20分休ませる。
❹　生地を裏返し、めん棒で20cm角にのばし、上1/3、下1/3の順に折りたたむ。めん棒で少し平らにし、左1/3、右1/3の順に折りたたみ、合わせ目と上下をつまんでとじる。裏返してめん棒で15cm角に整え、オーブンシートを敷いた天板にのせ、ぬれぶきんをかけて暖かい場所でひとまわり大きくなるまで発酵させる（60分くらい）。
❺　表面にオリーブ油（分量外）を塗って塩をふり、かみそりで×の形に切り込みを入れ、210℃に温めたオーブンで17〜18分焼く。

×の形の切り込みは、かみそりでまず右上から左下に斜めに1本入れ、そのあと左上からまん中、かみそりをいったん離し、まん中から右下の順に入れるとスムーズ。

3. 粉チーズピーナッツパン　まるパン

[材料]（直径12cmのもの2個分）
A ｜ 強力粉…300g
　｜ きび砂糖…大さじ2
　｜ 粉チーズ…大さじ2
　｜ 塩…小さじ1
ドライイースト…小さじ1/2（2g）
水…185g
ピーナッツ（無塩のもの）…80g ＊
仕上げ用の粉チーズ…小さじ2

＊フライパンの弱火でからいりし、薄皮をむいて粗く刻む

[作り方]

❶　ボウルにAを入れてゴムベラで混ぜ、ドライイースト⇒水の順に加えて混ぜる。ボウルの中で軽くこね、ひとまとめにし、ぬれぶきんをかけて10分休ませる。

❷　生地を台に取り出し、ベタつかなくなるまでこねる（3分）。カードで10個に切ってボウルに入れ、ピーナッツを加えて軽くこねて混ぜ込む。油（分量外）を塗ったボウルに入れ、ぬれぶきんをかけ、暖かい場所で2倍になるまで発酵させる（3時間くらい）。

❸　打ち粉（強力粉・分量外）をふった台に取り出し、カードで2等分し、丸めて台にのせ、ぬれぶきんをかけて20分休ませる。

❹　生地を丸め直し、底はつまんでとじ、オーブンシートを敷いた天板にのせる。手で少し平らにし、ぬれぶきんをかけ、暖かい場所でひとまわり大きくなるまで発酵させる（60分くらい）。

❺　表面に水少々を塗り、粉チーズを等分してふり、かみそりで2本切り込みを入れ、210℃に温めたオーブンで15～16分焼く。

ピーナッツはフライパンでからいりし、薄皮をむいて粗く刻む。無塩がなければ、塩味つきでもOK。「生落花生 中国産」（富）⇒入手先は88ページ

生地をカードで10個に切ってボウルに入れたら、ピーナッツを加えて軽くこねて混ぜ込む。これで生地にさわりすぎずに、ナッツが均等にいきわたる。

切り込みは、表面に水少々をはけで塗り、粉チーズを全体にふってから、かみそりで2本入れる。

4. くるみパン ながパン

[材料]（27cm長さのもの1本分）
A ｜ 強力粉…270g
　｜ 全粒粉（強力粉タイプ）…30g
　｜ きび砂糖…大さじ2
　｜ 塩…小さじ1
ドライイースト…小さじ½（2g）
水…185g
くるみ…80g *
仕上げ用の調整豆乳（または牛乳）…適量

＊手で4等分に割り、フライパンの弱火でからいりする

[作り方]

❶　ボウルにAを入れてゴムベラで混ぜ、ドライイースト⇒水の順に加えて混ぜる。ボウルの中で軽くこね、ひとまとめにし、ぬれぶきんをかけて10分休ませる。

❷　生地を台に出し、ベタつかなくなるまでこねる（3分）。カードで10個に切ってボウルに入れ、くるみを加えてこねて混ぜ込む（左ページ参照）。油（分量外）を塗ったボウルに入れ、ぬれぶきんをかけ、暖かい場所で2倍に発酵させる（3時間くらい）。

❸　打ち粉（強力粉・分量外）をふった台に取り出し、丸めて台にのせ、ぬれぶきんをかけて20分休ませる。

❹　生地を裏返し、めん棒で22×15cmの横長にのばし、向こう側からしっかりめにくるくる巻き、巻き終わりをつまんでとじる。オーブンシートを敷いた天板にのせ、ぬれぶきんをかけ、暖かい場所でひとまわり大きくなるまで発酵させる（60分くらい）。

❺　表面に豆乳を塗り、かみそりで斜めに6本切り込みを入れ、210℃に温めたオーブンで17〜18分焼く。

5. コーンパン ながパン

[材料]（27cm長さのもの1本分）
A ｜ 強力粉…270g
　｜ 全粒粉（強力粉タイプ）…30g
　｜ きび砂糖…大さじ2
　｜ 塩…小さじ1
ドライイースト…小さじ½（2g）
水…185g
ホールコーン（缶詰・正味）…110g *

＊汁けをきり、キッチンペーパーで汁けをふく

[作り方]

❶　ボウルにAを入れてゴムベラで混ぜ、ドライイースト⇒水の順に加えて混ぜる。ボウルの中で軽くこね、ひとまとめにし、ぬれぶきんをかけて10分休ませる。

❷　生地を台に出し、ベタつかなくなるまでこねる（3分）。カードで10個に切ってボウルに入れ、コーンを加えてこねて混ぜ込む（左ページ参照）。油（分量外）を塗ったボウルに入れ、ぬれぶきんをかけ、暖かい場所で2倍に発酵させる（3時間くらい）。

❸　打ち粉（強力粉・分量外）をふった台に取り出し、丸めて台にのせ、ぬれぶきんをかけて20分休ませる。

❹　生地を裏返し、めん棒で22×15cmの横長にのばし、向こう側からしっかりめにくるくる巻き、巻き終わりをつまんでとじる。オーブンシートを敷いた天板にのせ、ぬれぶきんをかけ、暖かい場所でひとまわり大きくなるまで発酵させる（60分くらい）。

❺　全粒粉（分量外）をふり、かみそりで斜めに4本切り込みを入れ、霧吹きで水をかけ、210℃に温めたオーブンで17〜18分焼く。

6. 塩バターパン

[材料]（22×16cmのもの1個分）
A ｜ 強力粉…300g
　｜ きび砂糖…大さじ2
　｜ 塩…小さじ1
ドライイースト…小さじ1/2（2g）
水…185g
仕上げ用のバター（有塩）…10g ＊
仕上げ用の塩…ひとつまみ

＊室温に戻す

[作り方]

❶ ボウルにAを入れてゴムベラで混ぜ、ドライイースト⇒水の順に加えて混ぜる。ボウルの中で軽くこね、ひとまとめにし、ぬれぶきんをかけて10分休ませる。

❷ 生地を台に取り出し、ベタつかなくなるまでこねる（3分）。油（分量外）を塗ったボウルに入れ、ぬれぶきんをかけ、暖かい場所で2倍になるまで発酵させる（3時間くらい）。

❸ 打ち粉（強力粉・分量外）をふった台に取り出し、丸めて底をとじて台にのせ、ぬれぶきんをかけて20分休ませる。

❹ めん棒で21×15cmのだ円にのばし、オーブンシートを敷いた天板にのせ、ぬれぶきんをかけて暖かい場所でひとまわり大きくなるまで発酵させる（60分くらい）。

❺ 表面にバターを塗って塩をふり、指で4×3列にしっかり穴をあけ（a）、210℃に温めたオーブンで16〜17分焼く。

＊バターなしで作る場合は、かわりに太白ごま油適量を塗って

a

7. 黒こしょうチーズパン

[材料]（直径16cmのもの2個分）
A ｜ 強力粉…300g
　｜ きび砂糖…大さじ2
　｜ 粗びき黒こしょう…小さじ2
　｜ 塩…小さじ1
ドライイースト…小さじ1/2（2g）
B ｜ 水…185g
　｜ 太白ごま油…大さじ1
ピザ用チーズ…1/2カップ（50g）

[作り方]

❶ ボウルにAを入れてゴムベラで混ぜ、ドライイースト⇒Bの順に加えて混ぜる。ボウルの中で軽くこね、ひとまとめにし、ぬれぶきんをかけて10分休ませる。

❷ 生地を台に取り出し、ベタつかなくなるまでこねる（3分）。油（分量外）を塗ったボウルに入れ、ぬれぶきんをかけ、暖かい場所で2倍になるまで発酵させる（3時間くらい）。

❸ 打ち粉（強力粉・分量外）をふった台に取り出し、カードで2等分し、丸めて底をとじて台にのせ、ぬれぶきんをかけて20分休ませる。

❹ めん棒で直径15cmにのばし、オーブンシートを敷いた天板にのせ、ぬれぶきんをかけて暖かい場所でひとまわり大きくなるまで発酵させる（60分くらい）。

❺ 表面に太白ごま油（分量外）を塗り、指で3、4、3個の順にしっかり穴をあけ（49ページ参照）、チーズを等分してのせる。210℃に温めたオーブンで15〜16分焼く。

8. ベーコンエピ ながパン

[材料]（25cm長さのもの4本分）
A ┃ 強力粉…270g
　┃ 全粒粉（強力粉タイプ）…30g
　┃ きび砂糖…大さじ2
　┃ 塩…小さじ1
ドライイースト…小さじ1/2（2g）
水…185g
ベーコン（幅を半分に切る）…4枚

[作り方]

❶　ボウルにAを入れてゴムベラで混ぜ、ドライイースト⇒水の順に加えて混ぜる。ボウルの中で軽くこね、ひとまとめにし、ぬれぶきんをかけて10分休ませる。

❷　生地を台に取り出し、ベタつかなくなるまでこねる（3分）。油（分量外）を塗ったボウルに入れ、ぬれぶきんをかけ、暖かい場所で2倍になるまで発酵させる（3時間くらい）。

❸　打ち粉（強力粉・分量外）をふった台に取り出し、カードで4等分し、丸めて台にのせ、ぬれぶきんをかけて20分休ませる。

❹　生地を裏返し、めん棒で20×8cmの横長にのばし、上のほうにベーコンを2切れずつ重ねてのせ、向こう側からしっかりめにくるくる巻く。巻き終わりをつまんでとじ、オーブンシートを敷いた天板にのせ、ぬれぶきんをかけて暖かい場所で少し大きくなるまで発酵させる（40分くらい）。
＊二次発酵をやや短めにすることで、カリッとした食感になる

❺　表面にオリーブ油（分量外）を塗り、はさみで斜めに深く5本切り込みを入れ、左右にずらす。210℃に温めたオーブンで13〜14分焼く。

ベーコンは長いまま幅を半分に切って細くし、生地の上のほうに2切れずつ重ねてのせ、向こう側からしっかりめにくるくる巻く。23cmくらいの長さになればいい。

↓

はさみで生地の下のほうから、斜めに深く切り込みを入れては左、また切っては右と、左右交互にずらしていく。これを5本入れる。

↓

はさみを斜めに入れ、底ギリギリまで深く切ると、生地がずらしやすい。完全に切り離さないように気をつけて。

9. 粒マスタードパセリパン

冷蔵庫であまりがちなびん詰たち。その中に粒マスタードも、きっとあるのではないでしょうか。そんな時は、パンに使って。粒マスタードは、水と混ぜてから粉と合わせるのがポイント。パセリのかわりに、ドライバジルで作ってもおいしいですよ。

》作り方は38ページ

10. ハムチーズパン

おそうざいパンの定番中の定番、これはいつ食べても、
やっぱりおいしい組み合わせですよね。
ハムやチーズの量を自分好みに変えられるのも、手作りならでは。
仕上げに黒こしょうをふると、ピリッと大人の味に変身します。

》作り方は39ページ

11. 黒ごま青じそパン

青じそをパンに入れるなんて意外！と、よく言われますが、
白いごはんのようなパン生地には、どんな食材も合うのです。
今回は、香ばしくてプチプチとした食感の黒ごまも合わせました。
もちろん白ごまでもおいしいので、おうちにあるものを使って。

》作り方は40ページ

12. カレーツナパン

カレーの香りが食欲をそそる、黄色いパン生地に、
おなじみのツナをたっぷりと包み込みました。
ツナの量はこれが上限、ふやしすぎないように気をつけて。
生地にドライパセリを混ぜても、おいしいと思います。

》作り方は41ページ

9. 粒マスタードパセリパン　しかくパン

[材料]（16cm角のもの1個分）

A ┃ 強力粉…300g
　┃ ドライパセリ…大さじ2
　┃ 塩…小さじ1
ドライイースト…小さじ½（2g）
B ┃ 水…185g＊
　┃ 粒マスタード…大さじ2＊
　┃ はちみつ…大さじ1＊
仕上げ用の粒マスタード…小さじ1

＊混ぜておく

[作り方]

❶ ボウルにAを入れてゴムベラで混ぜ、ドライイースト⇒Bの順に加えて混ぜる。ボウルの中で軽くこね、ひとまとめにし、ぬれぶきんをかけて10分休ませる。

❷ 生地を台に取り出し、ベタつかなくなるまでこねる（3分）。油（分量外）を塗ったボウルに入れ、ぬれぶきんをかけ、暖かい場所で2倍になるまで発酵させる（3時間くらい）。

❸ 打ち粉（強力粉・分量外）をふった台に取り出し、丸めて台にのせ、ぬれぶきんをかけて20分休ませる。

❹ 生地を裏返し、めん棒で20cm角にのばし、上⅓、下⅓の順に折りたたむ。めん棒で少し平らにし、左⅓、右⅓の順に折りたたみ、合わせ目と上下をつまんでとじる。裏返してめん棒で15cm角に整え、オーブンシートを敷いた天板にのせ、ぬれぶきんをかけて暖かい場所でひとまわり大きくなるまで発酵させる（60分くらい）。

❺ 表面にオリーブ油（分量外）を塗り、かみそりで十字に切り込みを入れ、切り込みに粒マスタードをのせる。200℃に温めたオーブンで17〜18分焼く。

表面にオリーブ油をはけで塗り、かみそりで十字に切り込みを入れたら、切り込みにスプーンで粒マスタードをのせる。これで、粒マスタードの味がよりしっかり出る。

◎じゃがいもサラダの材料と作り方（2〜3人分）

じゃがいも2個（180g）は皮をむいてひと口大に切り、やわらかく蒸して粗くつぶす。マヨネーズ大さじ1、太白ごま油小さじ1、塩ひとつまみを混ぜ、ブロッコリースプラウト½パックを加えて混ぜる。

10. ハムチーズパン くるくるパン

[材料]（18cm角のもの1個分）
A ｜ 強力粉…300g
　｜ きび砂糖…大さじ2
　｜ 塩…小さじ1
ドライイースト…小さじ1/2（2g）
調整豆乳…215g
【フィリング】
　ロースハム（半分に切り、細切り）…4枚
　ピザ用チーズ…1/2カップ（50g）
　マヨネーズ…小さじ2

[作り方]
❶ ボウルにAを入れてゴムベラで混ぜ、ドライイースト⇒豆乳の順に加えて混ぜる。ボウルの中で軽くこね、ひとまとめにし、ぬれぶきんをかけて10分休ませる。
❷ 生地を台に取り出し、ベタつかなくなるまでこねる（3分）。油（分量外）を塗ったボウルに入れ、ぬれぶきんをかけ、暖かい場所で2倍になるまで発酵させる（4時間くらい）。
❸ 打ち粉（強力粉・分量外）をふった台に取り出し、丸めて台にのせ、ぬれぶきんをかけて20分休ませる。
❹ 生地を裏返し、めん棒で27×24cmの横長にのばし、手前側を2〜3cmあけてマヨネーズ⇒ハムとチーズの順に広げる。向こう側からくるくる巻き、巻き終わりをつまんでとじ、カードで9等分に切る。オーブンシートを敷いた天板に3×3列にくっつけてのせ、ぬれぶきんをかけ、暖かい場所でひとまわり大きくなるまで発酵させる（60分くらい）。
❺ 210℃に温めたオーブンで15〜16分焼く。

生地を裏返して手で横長の四角形にし、めん棒で27×24cmにのばしたら、手前側を2〜3cmあけてマヨネーズを塗り、その上にハムとチーズをのせる。向こう側からくるくる巻く。

巻く時は、きつくもゆるくもないように。巻き終わりは指でつまんでとじ、27cm長さにまとめ、カードで9等分に切り分ける。この時、カードで3cm間隔の印をつけておくと、均等に切れる。

オーブンシートを敷いた天板に3×3列にのせ、手で押さえてくっつける。

11. 黒ごま青じそパン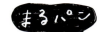

[材料]（直径10cmのもの3個分）

A ｜ 強力粉…300g
　｜ きび砂糖…大さじ2
　｜ 黒いりごま…大さじ1
　｜ 塩…小さじ1
ドライイースト…小さじ1/2（2g）
水…185g
青じそ（せん切り）…6枚

[作り方]

❶ ボウルにAを入れてゴムベラで混ぜ、ドライイースト⇒水の順に加えて混ぜる。ボウルの中で軽くこね、ひとまとめにし、ぬれぶきんをかけて10分休ませる。

❷ 生地を台に取り出し、ベタつかなくなるまでこねる（3分）。油（分量外）を塗ったボウルに入れ、ぬれぶきんをかけ、暖かい場所で2倍になるまで発酵させる（3時間くらい）。

❸ 打ち粉（強力粉・分量外）をふった台に取り出し、カードで3等分し、丸めて台にのせ、ぬれぶきんをかけて20分休ませる。

❹ 生地を裏返し、手で押して縦長のだ円にのばし、全体に青じそを1/6量ずつのせ、上1/3、下1/3の順に折りたたむ。生地を90度回して手で少し平らにし、青じそを1/6量ずつのせて同様に折りたたむ。生地を丸め直し、底はつまんでとじ、オーブンシートを敷いた天板にのせる。手で少し平らにし、ぬれぶきんをかけ、暖かい場所でひとまわり大きくなるまで発酵させる（60分くらい）。

❺ 強力粉（分量外）をふり、かみそりでまわりに4本切り込みを入れ、霧吹きで水をかけ、210℃に温めたオーブンで15〜16分焼く。

生地を裏返し、手で押して縦長のだ円にのばしたら、全体に青じそを1/6量ずつのせ、上1/3を折りたたむ。

次に、下1/3を少し重ねるようにして折りたたむ。生地を90度回し、手で押して少し平らにしたら、再び青じそを1/6量ずつのせ、同様に上1/3、下1/3の順に少し重ねるように折りたたむ。

切り込みは、強力粉を茶こしでふったあと、かみそりで生地のふちのほうに4本入れる。

12. カレーツナパン　しかくパン

[材料]（13cm角のもの2個分）
A ┃ 強力粉…300g
　┃ カレー粉…大さじ1
　┃ 塩…小さじ1
ドライイースト…小さじ1/2（2g）
B ┃ 水…190g＊
　┃ はちみつ…大さじ1＊
ツナ缶（汁けをきる）…小2缶（140g）

＊混ぜておく

[作り方]

❶　ボウルにAを入れてゴムベラで混ぜ、ドライイースト⇒Bの順に加えて混ぜる。ボウルの中で軽くこね、ひとまとめにし、ぬれぶきんをかけて10分休ませる。

❷　生地を台に取り出し、ベタつかなくなるまでこねる（3分）。油（分量外）を塗ったボウルに入れ、ぬれぶきんをかけ、暖かい場所で2倍になるまで発酵させる（3時間くらい）。

❸　打ち粉（強力粉・分量外）をふった台に取り出し、カードで2等分し、丸めて台にのせ、ぬれぶきんをかけて20分休ませる。

❹　生地を裏返し、めん棒で18cm角にのばし、まん中にツナを1/4量ずつのせ、上1/3、下1/3の順に折りたたむ。めん棒で少し平らにし、まん中にツナを1/4量ずつのせ、左1/3、右1/3の順に折りたたみ、合わせ目と上下をつまんでとじる。裏返してめん棒で12cm角に整え、オーブンシートを敷いた天板にのせ、ぬれぶきんをかけて暖かい場所でひとまわり大きくなるまで発酵させる（60分くらい）。

❺　強力粉（分量外）をふり、かみそりで井の字に切り込みを入れ、霧吹きで水をかけ、210℃に温めたオーブンで15〜16分焼く。

生地を裏返し、めん棒で18cm角にのばしたら、まん中にツナを1/4量ずつのせ、上1/3を折りたたむ。

次に、下1/3を少し重ねるようにして折りたたむ。このあと、めん棒で少し平らにしてツナを1/4量ずつのせ、同様に少し重ねるように左右を折りたたむ。

切り込みは、粉を茶こしでふったあと、かみそりで井の字の形に入れる。中のツナが見える深さまで入れると、焼き上がりにツナの香ばしさも楽しめる。

バジルの香りが広がるパン生地を大きくのばしたら、
マヨネーズを塗り、刻んだウインナをちりばめて巻き込みます。
マヨネーズで少し巻きづらいのですが、これがおいしさのポイント。
頑張ってくるくるしてみてください。

13. ウインナバジルパン くるくるパン

［材料］(18cm角のもの1個分)

A ｜ 強力粉…300g
　｜ きび砂糖…大さじ2
　｜ バジル(ドライ)…大さじ1
　｜ 塩…小さじ1
ドライイースト…小さじ½(2g)
調整豆乳…215g
【フィリング】
　ウインナ(5mm幅の半月切り)…4本
　マヨネーズ…小さじ2

［作り方］

❶ ボウルにAを入れてゴムベラで混ぜ、ドライイースト⇒豆乳の順に加えて混ぜる。ボウルの中で軽くこね、ひとまとめにし、ぬれぶきんをかけて10分休ませる。

❷ 生地を台に取り出し、ベタつかなくなるまでこねる(3分)。油(分量外)を塗ったボウルに入れ、ぬれぶきんをかけ、暖かい場所で2倍になるまで発酵させる(4時間くらい)。

❸ 打ち粉(強力粉・分量外)をふった台に取り出し、丸めて台にのせ、ぬれぶきんをかけて20分休ませる。

❹ 生地を裏返し、めん棒で27×24cmの横長にのばし、手前側を2～3cmあけてマヨネーズ⇒ウインナの順に広げる。向こう側からくるくる巻き、巻き終わりをつまんでとじ、カードで9等分に切る。オーブンシートを敷いた天板に3×3列にくっつけてのせ、ぬれぶきんをかけ、暖かい場所でひとまわり大きくなるまで発酵させる(60分くらい)。

❺ 210℃に温めたオーブンで15～16分焼く。

生地を裏返して手で横長の四角形にし、めん棒で27×24cmにのばしたら、手前側を2～3cmあけてマヨネーズを塗り広げ、その上にウインナをのせる。

↓

生地を向こう側からくるくる巻く。巻き方がきついと、焼いた時にまん中が飛び出してしまうので気をつけて。巻き終わりは、指でつまんでとじる。

ほんの少しかために蒸し、粗くつぶしたじゃがいもを、
みそと一緒にパン生地で巻き、焼き上げます。
仕上げに塗る油は、好みのものでいいのですが、
香ばしいごま油が、このパンにはやっぱりよく合います。

14. じゃがいもみそパン

[材料]（22cm長さのもの3本分）
A ┃ 強力粉…270g
　┃ 全粒粉（強力粉タイプ）…30g
　┃ きび砂糖…大さじ2
　┃ 塩…小さじ1
ドライイースト…小さじ½（2g）
水…185g
じゃがいも…½個（正味60g）＊
みそ…大さじ1

＊皮をむいてひと口大に切り、5〜6分蒸して粗くつぶす

[作り方]

❶ ボウルにAを入れてゴムベラで混ぜ、ドライイースト⇒水の順に加えて混ぜる。ボウルの中で軽くこね、ひとまとめにし、ぬれぶきんをかけて10分休ませる。

❷ 生地を台に取り出し、ベタつかなくなるまでこねる（3分）。油（分量外）を塗ったボウルに入れ、ぬれぶきんをかけ、暖かい場所で2倍になるまで発酵させる（3時間くらい）。

❸ 打ち粉（強力粉・分量外）をふった台に取り出し、カードで3等分し、丸めて台にのせ、ぬれぶきんをかけて20分休ませる。

❹ 生地を裏返し、めん棒で18×10cmの横長にのばし、上⅔にみそを等分して塗り、じゃがいもを等分して一列に並べる。向こう側からしっかりめにくるくる巻き、巻き終わりをつまんでとじ、オーブンシートを敷いた天板にのせ、ぬれぶきんをかけて暖かい場所でひとまわり大きくなるまで発酵させる（60分くらい）。

❺ 表面にごま油（分量外）を塗り、はさみで斜めに6本切り込みを入れ、210℃に温めたオーブンで15〜16分焼く。

生地を裏返して手で横長の四角形にし、めん棒で18×10cmにのばしたら、上⅔にみそを⅓量（小さじ1）ずつスプーンで塗り、上のほうにじゃがいもを⅓量ずつ一列に並べる。

生地を向こう側からしっかりめにくるくる巻く。巻き終わりは指でつまんでとじ、20cmくらいの長さに整える。

切り込みは、はさみで斜めに6本ずつ入れる。まず生地のまん中を決め、その上のほうに3cm幅の切り込みを3本、下にも3本入れるとスムーズ。

◎にんじんポタージュの
　材料と作り方（2〜3人分）

にんじん2本（360g）はひと口大に切り、水1カップ、固形スープの素1個とともに鍋に入れ、弱火で10〜15分煮、粗熱がとれたらミキサーにかける。鍋に戻して牛乳1カップを加え、弱火で温めて塩ひとつまみで味を調え、粗びき黒こしょう少々をふる。

ゆで卵とマヨネーズで、しつこそうな印象があるかもしれませんが、
私のレシピはマヨネーズの量が控えめなので、
実は、とてもあっさりといただけるおそうざいパンです。
固ゆでにした卵は、スプーンやすりこ木でざくざくつぶしても。

15. ゆで卵マヨネーズパン くるくるパン

[材料]（18cm角のもの1個分）

A ｜ 強力粉…300g
　｜ きび砂糖…大さじ2
　｜ 塩…小さじ1
ドライイースト…小さじ½(2g)
調整豆乳…215g
【フィリング】
　固ゆでたまご(粗く刻む)…2個
　マヨネーズ…小さじ2
　仕上げ用のドライパセリ…適量

[作り方]

❶ ボウルにAを入れてゴムベラで混ぜ、ドライイースト⇒豆乳の順に加えて混ぜる。ボウルの中で軽くこね、ひとまとめにし、ぬれぶきんをかけて10分休ませる。

❷ 生地を台に取り出し、ベタつかなくなるまでこねる(3分)。油(分量外)を塗ったボウルに入れ、ぬれぶきんをかけ、暖かい場所で2倍になるまで発酵させる(4時間くらい)。

❸ 打ち粉(強力粉・分量外)をふった台に取り出し、丸めて台にのせ、ぬれぶきんをかけて20分休ませる。

❹ 生地を裏返し、めん棒で27×24cmの横長にのばし、手前側を2〜3cmあけてマヨネーズ⇒ゆで卵の順に広げる。向こう側からくるくる巻き、巻き終わりをつまんでとじ、カードで9等分に切る。オーブンシートを敷いた天板に3×3列にくっつけてのせ、ぬれぶきんをかけ、暖かい場所でひとまわり大きくなるまで発酵させる(60分くらい)。

❺ 210℃に温めたオーブンで15〜16分焼き、パセリをふる。

生地を裏返して手で横長の四角形にし、めん棒で27×24cmにのばしたら、手前側を2〜3cmあけてマヨネーズを塗り、その上に刻んだゆで卵をのせる。

↓

生地を向こう側からくるくる巻く。きつすぎず、ゆるすぎず、ほどよい力加減で巻くのがポイント。巻き終わりは、指でつまんでとじる。

生地にあけた穴に、赤と黄のプチトマトをうめ込みます。
トマトは押し込むように、しっかりと入れるのがコツ。
トマトはもちろん、赤だけ、黄色だけでも。

ごま油と塩でさっとソテーしたまいたけを
パン生地にのせ、チーズをたっぷりかけてオーブンへ。
仕上げに黒こしょうをふってもおいしいです。

16. プチトマトパン

たいらパン

[材料]（直径19cmのもの1個分）
A ｜ 強力粉…300g
　｜ きび砂糖…大さじ2
　｜ 塩…小さじ1
ドライイースト…小さじ½（2g）
B ｜ 水…185g
　｜ オリーブ油…大さじ1
プチトマト（縦半分に切る）
　…赤3個、黄2個
仕上げ用の塩…ひとつまみ

[作り方]
❶ ボウルにAを入れてゴムベラで混ぜ、ドライイースト⇒Bの順に加えて混ぜる。ボウルの中で軽くこね、ひとまとめにし、ぬれぶきんをかけて10分休ませる。
❷ 生地を台に取り出し、ベタつかなくなるまでこねる（3分）。油（分量外）を塗ったボウルに入れ、ぬれぶきんをかけ、暖かい場所で2倍になるまで発酵させる（3時間くらい）。
❸ 打ち粉（強力粉・分量外）をふった台に取り出し、丸めて底をとじて台にのせ、ぬれぶきんをかけて20分休ませる。
❹ めん棒で直径18cmにのばし、オーブンシートを敷いた天板にのせ、ぬれぶきんをかけて暖かい場所でひとまわり大きくなるまで発酵させる（60分くらい）。
❺ 表面にオリーブ油（分量外）を塗って塩をふり、指で3、4、3個の順にしっかり穴をあけ、トマトを断面を上にしてうめ込む(a)。210℃に温めたオーブンで15〜16分焼く。

a

17. まいたけチーズパン

たいらパン

[材料]（19×13cmのもの2個分）
A ｜ 強力粉…300g
　｜ きび砂糖…大さじ2
　｜ 塩…小さじ1
ドライイースト…小さじ½（2g）
水…185g
まいたけ（ほぐす）…1パック（100g）＊
ピザ用チーズ…½カップ（50g）
仕上げ用のドライパセリ…適量

＊フライパンにごま油小さじ2を熱し、弱めの中火でしんなり炒め、塩ひとつまみをふって冷ます

[作り方]
❶ ボウルにAを入れてゴムベラで混ぜ、ドライイースト⇒水の順に加えて混ぜる。ボウルの中で軽くこね、ひとまとめにし、ぬれぶきんをかけて10分休ませる。
❷ 生地を台に取り出し、ベタつかなくなるまでこねる（3分）。油（分量外）を塗ったボウルに入れ、ぬれぶきんをかけ、暖かい場所で2倍になるまで発酵させる（3時間くらい）。
❸ 打ち粉（強力粉・分量外）をふった台に取り出し、カードで2等分し、丸めて底をとじて台にのせ、ぬれぶきんをかけて20分休ませる。
❹ めん棒で18×12cmのだ円にのばし、オーブンシートを敷いた天板にのせ、ぬれぶきんをかけて暖かい場所でひとまわり大きくなるまで発酵させる（60分くらい）。
❺ 表面にごま油（分量外）を塗り、指で5×3列にしっかり穴をあけ（32ページなど参照）、まいたけとチーズを等分してのせる。210℃に温めたオーブンで13〜14分焼き、パセリをふる。

[コラム②]
道具について

家にあるもので気軽にパンが作れたらいいな、と思っています。
ほとんどがどのご家庭にもある、なじみのある道具ばかりです。

● ボウル
生地をこねる時に使っているのは、口がやや広い、直径24cmのもの（写真左）。発酵用のボウルは、外径21cm、容量1.5ℓのiwaki（イワキ）の耐熱ガラス製です。材質はガラスでなくてもいいのですが、このボウルいっぱいに発酵すると、カサが2倍になり、一次発酵完了の目安に。

● ゴムベラ
粉類を混ぜたり、粉と水を混ぜる時などに使います。洗いものが1つふえますが、手でいきなり混ぜ始めるよりも、スムーズに作業が進みます。混ぜる材料が重いので、ややかためのものがおすすめ。

● カード
パン作りに欠かせない道具。上の曲線部分では、ボウルの中の生地を集めたり、手についた生地をこそげとったり。生地を分割する、台についた生地をとる時には、下の直線部分を使います。「ドレッジ」と呼ばれることもあります。

● デジタルスケール
粉や水などの材料を量る時に使用。デジタル式のものが、正確に量れておすすめです。0.5g単位のものがあると便利ですが、1g単位でも十分間に合います。

● ふきん
発酵やベンチタイムの時に、ぬらしてかたく絞って生地にかけることで乾燥を防ぎます。生地の負担にならない、軽いものがおすすめ。私は約40×40cmの無印良品の「落ちワタ混ふきん」を愛用。

● めん棒
しかくパン、ながパン、たいらパン、くるくるパンなどで、生地をのばす時に使います。30cm長さの木製のものを使用。長さは好みですが、のばす生地のサイズよりも長いものが便利です。

● 茶こし
生地を焼く前に、仕上げの強力粉などをふりかけるのに使用。100円ショップのものなどでいいので、1つあると便利です。ココアやシナモンなども、全体にまんべんなくかけることができます。

● かみそりとはさみ
生地を焼く前に、表面に切り込みを入れる時に使います。かみそりは安全ガードのついていない、昔ながらの顔用のものを。はさみは100円ショップのものなどでいいので、刃が細くて軽い、文具用のものがおすすめです。

● 霧吹き
オーブンに入れる前の生地に水をかけることで、パリッとした焼き上がりに。なるべく霧が細かく出るものがよく、数百円程度の園芸用のものがおすすめ。100円ショップなら、顔用のスプレーを。パンに直接かけるよりは、上に向かって吹き、それが落ちてきてかかる感じに。

3章 おやつでっかパン

レーズンやチョコ、あんこが入った人気の甘いパンたちも、
うちで生地から手作りすれば、格別な味わいになります。
くだものは生のままのせ、グラニュー糖をふって焼くだけで、
ほどよく食感が残って、手軽なのにとびきりのおいしさ。
具材がごろごろっと入った断面も、どれもとてもかわいいのです。

1. レーズンパン

お湯で洗うことによって、ふっくらさせたレーズンは、
キッチンペーパーで余分な水けをふくのが大切です。
お店でよく見かけるカリフォルニアレーズンを使っていますが、
サルタナレーズンやレーズンミックスでも。
バターを塗って食べたいパンです。

» 作り方は58ページ

2. 黒糖シナモンパン

深みのある甘さが個性的な黒糖と、シナモンの香りが広がるパンです。
黒糖は水に溶いてから加え、シナモンは粉に混ぜ込んで。
仕上げにまぶす黒糖は、指でつまんでパラパラッと、
シナモンは茶こしを使って、全体にまんべんなくかけてあげて。

》作り方は59ページ

3. シュガーバターパン

バターの香りがするパンは、生地に混ぜるしかない？
いえいえ、焼く前にのせるだけでも、バター感はたっぷり。
バターをのせることで、切り込みもしっかり開きます。

》作り方は60ページ

4. きなこチョコチップパン

刻まずに使えるチョコチップと、きなこの組み合わせ。
仕上げにふるのも粉ではなく、きなこで風味豊かに。
はさみで入れた十字の切り込みが、またかわいいです。

》作り方は60ページ

5. 全粒粉プルーンパン

プルーンは種抜きのやわらかいものを選び、
大きめの4等分くらいに切って使います。
あみ目状の切り込みが難しそうに見えるかもしれませんが、
最初にまん中に1本入れてからだと、バランスがとれますよ。

» 作り方は61ページ

6. バナナシュガーパン

大人も子どもも大好きなバナナを、パン生地にうめ込みました。
仕上げにかけるグラニュー糖が、このパンのおいしさの決めて。
とろりと焼けた甘いバナナと、それを引き立てるグラニュー糖。
おやつの時間にぴったりなパンです。

» 作り方は62ページ

7. あんず くるみパン

8. 抹茶 金時豆パン

かわいいオレンジ色と酸味が魅力のドライあんずは、水をふると、ふっくらとさらにおいしくなります。くるみは刻むより、手で割るほうが簡単でおすすめ。

» 作り方は63ページ

ほろ苦い抹茶生地には、どんなお豆も合います。今回は市販の金時豆を選びましたが、ほかの煮豆でも。汁けをふきとってから、生地で包むのをお忘れなく。

» 作り方は63ページ

1. レーズンパン　まるパン

[材料]（直径17cmのもの1個分）

A　強力粉…300g
　　きび砂糖…大さじ2
　　塩…小さじ1
ドライイースト…小さじ1/2（2g）
水…185g
レーズン…100g ＊

＊湯沸かし器のお湯（40℃くらい）でさっと洗い、キッチンペーパーで水けをふく

[作り方]

❶　ボウルにAを入れてゴムベラで混ぜ、ドライイースト⇒水の順に加えて混ぜる。ボウルの中で軽くこね、ひとまとめにし、ぬれぶきんをかけて10分休ませる。

❷　生地を台に取り出し、ベタつかなくなるまでこねる（3分）。カードで10個に切ってボウルに入れ、レーズンを加えて軽くこねて混ぜ込む。油（分量外）を塗ったボウルに入れ、ぬれぶきんをかけ、暖かい場所で2倍になるまで発酵させる（3時間くらい）。

❸　打ち粉（強力粉・分量外）をふった台に取り出し、丸めて台にのせ、ぬれぶきんをかけて20分休ませる。

❹　生地を丸め直し、底はつまんでとじ、オーブンシートを敷いた天板にのせる。手で少し平らにし、ぬれぶきんをかけ、暖かい場所でひとまわり大きくなるまで発酵させる（60分くらい）。

❺　強力粉（分量外）をふり、かみそりで十字に切り込みを入れ、霧吹きで水をかけ、210℃に温めたオーブンで17〜18分焼く。

レーズンはざるに入れ、湯沸かし器のお湯（40℃くらい）でさっと洗い、キッチンペーパーで水けをふく。こうするとレーズンがほぐれ、ふっくらする。

生地をカードで10個に切ってボウルに入れたら、レーズンを加えて軽くこねて混ぜ込む。これで、生地にレーズンがまんべんなくいきわたる。

十字の切り込みは、かみそりでまず縦に1本入れ、そのあと左からまん中、まん中から右の順に入れるとスムーズ。縦横それぞれ11〜12cm長さくらい。

2. 黒糖シナモンパン

[材料]（22×16cmのもの1個分）

A ｜ 強力粉…300g
　｜ シナモンパウダー…小さじ2
　｜ 塩…小さじ1
ドライイースト…小さじ½(2g)
B ｜ 水…185g＊
　｜ 黒砂糖(粉末のもの)…大さじ2＊
　｜ 太白ごま油…大さじ1
仕上げ用の黒砂糖(粉末のもの)
　…大さじ½
仕上げ用のシナモンパウダー
　…小さじ¼

＊合わせて溶いておく

[作り方]

❶ ボウルにAを入れてゴムベラで混ぜ、ドライイースト⇒Bの順に加えて混ぜる。ボウルの中で軽くこね、ひとまとめにし、ぬれぶきんをかけて10分休ませる。

❷ 生地を台に取り出し、ベタつかなくなるまでこねる(3分)。油(分量外)を塗ったボウルに入れ、ぬれぶきんをかけ、暖かい場所で2倍になるまで発酵させる(3時間くらい)。

❸ 打ち粉(強力粉・分量外)をふった台に取り出し、丸めて底をとじて台にのせ、ぬれぶきんをかけて20分休ませる。

❹ めん棒で21×15cmのだ円にのばし、オーブンシートを敷いた天板にのせ、ぬれぶきんをかけて暖かい場所でひとまわり大きくなるまで発酵させる(60分くらい)。

❺ 表面に太白ごま油(分量外)を塗り、指で3×4列にしっかり穴をあけ、黒砂糖とシナモンをふる。200℃に温めたオーブンで16〜17分焼く。

生地に太白ごま油を塗ったら、指で3×4列に底までしっかり穴をあけ、黒砂糖⇒シナモンの順に全体にふる。黒砂糖は手で、シナモンは茶こしを使ってまんべんなく散らして。

3. シュガーバターパン まるパン

[材料]（直径12cmのもの2個分）
A ┌ 強力粉…300g
  │ きび砂糖…大さじ2
  └ 塩…小さじ1
ドライイースト…小さじ1/2（2g）
水…185g
バター（有塩）…10g＊
仕上げ用のグラニュー糖…小さじ2

＊8等分の棒状に切る

[作り方]
① 右と同じ。
② 生地を台に取り出し、ベタつかなくなるまでこねる（3分）。油（分量外）を塗ったボウルに入れ、ぬれぶきんをかけ、暖かい場所で2倍になるまで発酵させる（3時間くらい）。
③ 打ち粉（強力粉・分量外）をふった台に取り出し、カードで2等分し、丸めて台にのせ、ぬれぶきんをかけて20分休ませる。
④ 生地を丸め直し、底はつまんでとじ、オーブンシートを敷いた天板にのせる。手で少し平らにし、ぬれぶきんをかけ、暖かい場所でひとまわり大きくなるまで発酵させる（60分くらい）。
⑤ 表面に水少々を塗り、グラニュー糖を等分してふり、かみそりで6cm長さの切り込みを4本入れ、バターを1本ずつのせる（a）。200℃に温めたオーブンで16〜17分焼く。

＊バターなしで作る場合は、表面に太白ごま油を塗ってグラニュー糖をふり、切り込みを入れてそこに少し多めに油をたらす

a

4. きなこチョコチップパン まるパン

[材料]（直径10cmのもの3個分）
A ┌ 強力粉…300g
  │ きび砂糖…大さじ2
  │ きなこ…大さじ2
  └ 塩…小さじ1
ドライイースト…小さじ1/2（2g）
水…195g
チョコチップ…80g

[作り方]
① ボウルにAを入れてゴムベラで混ぜ、ドライイースト⇒水の順に加えて混ぜる。ボウルの中で軽くこね、ひとまとめにし、ぬれぶきんをかけて10分休ませる。
② 生地を台に出し、ベタつかなくなるまでこねる（3分）。カードで10個に切ってボウルに入れ、チョコチップを加えてこねて混ぜ込む（58ページ参照）。油（分量外）を塗ったボウルに入れ、ぬれぶきんをかけ、暖かい場所で2倍に発酵させる（3時間くらい）。
③ 打ち粉（強力粉・分量外）をふった台に取り出し、カードで3等分し、丸めて台にのせ、ぬれぶきんをかけて20分休ませる。
④ 生地を丸め直し、底はつまんでとじ、オーブンシートを敷いた天板にのせる。手で少し平らにし、ぬれぶきんをかけ、暖かい場所でひとまわり大きくなるまで発酵させる（60分くらい）。
⑤ きなこ（分量外）をふり、はさみで十字に切り込みを入れ（a）、霧吹きで水をかけ、210℃に温めたオーブンで15〜16分焼く。

＊切り込みは、縦に1本、左からまん中、まん中から右の順にはさみを入れるといい

a

5. 全粒粉プルーンパン 〈しかくパン〉

[材料]（16cm角のもの1個分）
A ｜ 強力粉…270g
　｜ 全粒粉（強力粉タイプ）…30g
　｜ 塩…小さじ1
ドライイースト…小さじ½（2g）
B ｜ 水…185g ＊
　｜ はちみつ…大さじ1 ＊
ドライプルーン
　（種抜き・4等分に切る）…70g

＊混ぜておく

[作り方]

❶ ボウルにAを入れてゴムベラで混ぜ、ドライイースト⇒Bの順に加えて混ぜる。ボウルの中で軽くこね、ひとまとめにし、ぬれぶきんをかけて10分休ませる。

❷ 生地を台に取り出し、ベタつかなくなるまでこねる（3分）。油（分量外）を塗ったボウルに入れ、ぬれぶきんをかけ、暖かい場所で2倍になるまで発酵させる（3時間くらい）。

❸ 打ち粉（強力粉・分量外）をふった台に取り出し、丸めて台にのせ、ぬれぶきんをかけて20分休ませる。

❹ 生地を裏返し、めん棒で20cm角にのばし、まん中にプルーンを半量のせ、上⅓、下⅓の順に折りたたむ。めん棒で少し平らにし、まん中に残りのプルーンをのせ、左⅓、右⅓の順に折りたたみ、合わせ目と上下をつまんでとじる。裏返してめん棒で15cm角に整え、オーブンシートを敷いた天板にのせ、ぬれぶきんをかけて暖かい場所でひとまわり大きくなるまで発酵させる（60分くらい）。

❺ 強力粉（分量外）をふり、かみそりであみ目状に切り込みを入れ、霧吹きで水をかけ、210℃に温めたオーブンで17〜18分焼く。

生地を裏返し、めん棒で20cm角にのばしたら、まん中にプルーンを半量のせ、上⅓を折りたたむ。

次に、下⅓を少し重ねるようにして折りたたむ。このあと、めん棒で少し平らにして残りのプルーンをのせ、同様に少し重ねるように左右を折りたたむ。

あみ目状の切り込みは、かみそりでまずまん中に斜めに1本、その上下に斜めに1本ずつ入れる。向きを変えて同様に3本入れると、スムーズに。

6. バナナシュガーパン

[材料]（直径16cmのもの2個分）

A
　強力粉…300g
　きび砂糖…大さじ2
　塩…小さじ1
ドライイースト…小さじ1/2（2g）
B
　水…185g
　太白ごま油…大さじ1
バナナ…約1本（正味70g）＊
仕上げ用のグラニュー糖…小さじ2

＊1cm幅の半月切りにし、20切れ分を用意する

[作り方]

❶　ボウルにAを入れてゴムベラで混ぜ、ドライイースト⇒Bの順に加えて混ぜる。ボウルの中で軽くこね、ひとまとめにし、ぬれぶきんをかけて10分休ませる。

❷　生地を台に取り出し、ベタつかなくなるまでこねる（3分）。油（分量外）を塗ったボウルに入れ、ぬれぶきんをかけ、暖かい場所で2倍になるまで発酵させる（3時間くらい）。

❸　打ち粉（強力粉・分量外）をふった台に取り出し、カードで2等分し、丸めて底をとじて台にのせ、ぬれぶきんをかけて20分休ませる。

❹　めん棒で直径15cmにのばし、オーブンシートを敷いた天板にのせ、ぬれぶきんをかけて暖かい場所でひとまわり大きくなるまで発酵させる（60分くらい）。

❺　表面に太白ごま油（分量外）を塗り、指で3、4、3個の順にしっかり穴をあけ、バナナを1切れずつうめ込み、グラニュー糖を等分してふる。200℃に温めたオーブンで15〜16分焼く。

生地に太白ごま油を塗ったら、人さし指でぐっと押し、3、4、3個の順に底までしっかり穴をあける。まずまん中に4個をあけ、そのあとその上下に3個ずつあけると、バランスがいい。
↓

10個の穴に、バナナを1切れずつうめ込む。生地に弾力があって押し戻されるので、のせるのではなく、ぐっと押し込むように入れて。

7. あんずくるみパン 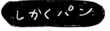 しかくパン

[材料]（16cm角のもの1個分）
A ｜ 強力粉…300g
　｜ 塩…小さじ1
ドライイースト…小さじ1/2（2g）
B ｜ 水…185g *
　｜ はちみつ…大さじ1 *
ドライアプリコット…50g **
くるみ…50g ***

*混ぜておく
**1.5cm角に切り、水小さじ1をふる
***手で3〜4に割り、フライパンの弱火でからいりする

[作り方]
❶ 右と同じ。
❷ 生地を台に取り出し、ベタつかなくなるまでこねる（3分）。カードで10個に切ってボウルに入れ、アプリコットとくるみを加えて軽くこねて混ぜ込む（58ページ参照）。油（分量外）を塗ったボウルに入れ、ぬれぶきんをかけ、暖かい場所で2倍になるまで発酵させる（3時間くらい）。
❸ 右と同じ（2等分はなし）。
❹ 生地を裏返し、めん棒で20cm角にのばし、上1/3、下1/3の順に折りたたむ。めん棒で少し平らにし、左1/3、右1/3の順に折りたたみ、合わせ目と上下をつまんでとじる。裏返してめん棒で15cm角に整え、オーブンシートを敷いた天板にのせ、ぬれぶきんをかけて暖かい場所でひとまわり大きくなるまで発酵させる（60分くらい）。
❺ 表面に太白ごま油（分量外）を塗り、かみそりで十字に切り込みを入れ、210℃に温めたオーブンで17〜18分焼く。

8. 抹茶金時豆パン しかくパン

[材料]（13cm角のもの2個分）
A ｜ 強力粉…300g
　｜ 抹茶…大さじ1
　｜ 塩…小さじ1
ドライイースト…小さじ1/2（2g）
B ｜ 水…190g *
　｜ はちみつ…大さじ1 *
市販の金時豆の甘煮（汁けをふく）…60g

*混ぜておく

[作り方]
❶ ボウルにAを入れてゴムベラで混ぜ、ドライイースト⇒Bの順に加えて混ぜる。ボウルの中で軽くこね、ひとまとめにし、ぬれぶきんをかけて10分休ませる。
❷ 生地を台に取り出し、ベタつかなくなるまでこねる（3分）。油（分量外）を塗ったボウルに入れ、ぬれぶきんをかけ、暖かい場所で2倍になるまで発酵させる（3時間くらい）。
❸ 打ち粉（強力粉・分量外）をふった台に取り出し、カードで2等分し、丸めて台にのせ、ぬれぶきんをかけて20分休ませる。
❹ 生地を裏返し、めん棒で18cm角にのばし、まん中に金時豆を1/4量ずつのせ、上1/3、下1/3の順に折りたたむ。めん棒で少し平らにし、まん中に金時豆を1/4量ずつのせ、左1/3、右1/3の順に折りたたみ、合わせ目と上下をつまんでとじる。裏返してめん棒で12cm角に整え、オーブンシートを敷いた天板にのせ、ぬれぶきんをかけて暖かい場所でひとまわり大きくなるまで発酵させる（60分くらい）。
❺ 強力粉（分量外）をふり、かみそりで×の形に切り込みを入れ、霧吹きで水をかけ、210℃に温めたオーブンで16〜17分焼く。

9. こしあんきなこパン

あんこはこしあん派？ つぶあん派？と聞かれると、
とても悩んでしまうのですが、このパンにはなめらかな
こしあんのほうが合うかな、と思います。
きなこを生地と仕上げにもふり、ぐっと和風のパンにしました。

» 作り方は68ページ

かぼちゃはやわらかくしすぎないようにして形を残し、
ちぎったクリームチーズとともにパン生地で包みます。
具の量は、包みにくくならない範囲でふやしても。

》作り方は69ページ

11.
レモンピール
ホワイトチョコパン

さわやかな酸味のレモンピールに合わせたのは、
こっくりとした甘さのホワイトチョコ。
ピールは発酵前に混ぜると、生地にしっとりなじみます。

》作り方は69ページ

10.
かぼちゃクリームチーズパン

12. 紅茶いちじくパン

紅茶はティーバッグの細かい茶葉を使い、粉に混ぜます。
私はアールグレイを選んでいますが、お好みのもので。
ドライいちじくは、水をふってふっくらさせて加えます。

» 作り方は70ページ

13. ラズベリークリームチーズパン

凍ったままの冷凍ラズベリーとクリームチーズを
生地にうめ込んで焼く、かわいいパンです。
グラニュー糖をふって、キラキラとおいしく焼き上げます。

» 作り方は70ページ

14. アーモンドシュガーバターパン

室温に戻してやわらかくしたバターを生地にのばしたら、
アーモンドダイスとグラニュー糖を散らし、くるくる巻きます。
バターのコクにお砂糖の甘さがほどよく合って、
アーモンドのツブツブとした表情も愛らしいパンです。

》作り方は71ページ

9. こしあんきなこパン　くるくるパン

[材料]（18cm角のもの1個分）
A｜強力粉…300g
　｜きび砂糖…大さじ2
　｜きなこ…大さじ1
　｜塩…小さじ1
ドライイースト…小さじ1/2（2g）
調整豆乳…220g
【フィリング】
　市販のこしあん…80g

[作り方]
❶ ボウルにAを入れてゴムベラで混ぜ、ドライイースト⇒豆乳の順に加えて混ぜる。ボウルの中で軽くこね、ひとまとめにし、ぬれぶきんをかけて10分休ませる。
❷ 生地を台に取り出し、ベタつかなくなるまでこねる（3分）。油（分量外）を塗ったボウルに入れ、ぬれぶきんをかけ、暖かい場所で2倍になるまで発酵させる（4時間くらい）。
❸ 打ち粉（強力粉・分量外）をふった台に取り出し、丸めて台にのせ、ぬれぶきんをかけて20分休ませる。
❹ 生地を裏返し、めん棒で27×24cmの横長にのばし、手前側を2～3cmあけてこしあんを広げる。向こう側からくるくる巻き、巻き終わりをつまんでとじ、カードで9等分に切る。オーブンシートを敷いた天板に3×3列にくっつけてのせ、ぬれぶきんをかけ、暖かい場所でひとまわり大きくなるまで発酵させる（60分くらい）。
❺ きなこ（分量外）をふり、210℃に温めたオーブンで15～16分焼く。

こしあんは、市販品で水分が少なめのものを使用。かわりに粒あんでもいい。自分で作る場合は水分をとばし、塗り広げられるペースト状にして。「こしあん」（富）⇒入手先は88ページ

生地を裏返して手で横長の四角形にし、めん棒で27×24cmにのばしたら、手前側を2～3cmあけてこしあんを塗り、向こう側からくるくる巻く。巻き終わりは、指でつまんでとじる。
↓

カードで9等分に切り、天板に3×3列にのせ、手で押さえてくっつける。

10. かぼちゃクリームチーズパン　ながパン

[材料]（27cm長さのもの1本分）
A ｜ 強力粉…270g
　｜ 全粒粉（強力粉タイプ）…30g
　｜ きび砂糖…大さじ2
　｜ 塩…小さじ1
ドライイースト…小さじ1/2（2g）
水…185g
かぼちゃ（正味）…80g＊
クリームチーズ…40g＊＊

＊皮ごと10〜12分蒸し、1cm角に切る
＊＊1cm角にちぎる

[作り方]
❶ 右と同じ。
❷ 生地を台に取り出し、ベタつかなくなるまでこねる（3分）。油（分量外）を塗ったボウルに入れ、ぬれぶきんをかけ、暖かい場所で2倍になるまで発酵させる（3時間くらい）。
❸ 打ち粉（強力粉・分量外）をふった台に取り出し、丸めて台にのせ、ぬれぶきんをかけて20分休ませる。
❹ 生地を裏返し、めん棒で22×15cmの横長にのばし、かぼちゃとチーズを全体にのせて(a)向こう側からしっかりめにくるくる巻き、巻き終わりをつまんでとじる。オーブンシートを敷いた天板にのせ、ぬれぶきんをかけ、暖かい場所でひとまわり大きくなるまで発酵させる（60分くらい）。
❺ 表面にオリーブ油（分量外）を塗り、かみそりで斜めに5本切り込みを入れ、210℃に温めたオーブンで17〜18分焼く。

a

11. レモンピールホワイトチョコパン　ながパン

[材料]（27cm長さのもの1本分）
A ｜ 強力粉…270g
　｜ 全粒粉（強力粉タイプ）…30g
　｜ きび砂糖…大さじ2
　｜ 塩…小さじ1
ドライイースト…小さじ1/2（2g）
水…185g
レモンピール…40g
板チョコ（ホワイト）…1枚（40g）＊

＊手でなるべく小さく割る（夏場は冷蔵室で冷やしておくといい）

[作り方]
❶ ボウルにAを入れてゴムベラで混ぜ、ドライイースト⇒水の順に加えて混ぜる。ボウルの中で軽くこね、ひとまとめにし、ぬれぶきんをかけて10分休ませる。
❷ 生地を台に出し、ベタつかなくなるまでこねる（3分）。カードで10個に切ってボウルに入れ、レモンピールを加えてこねて混ぜ込む（58ページ参照）。油（分量外）を塗ったボウルに入れ、ぬれぶきんをかけ、暖かい場所で2倍に発酵させる（3時間くらい）。
❸ 打ち粉（強力粉・分量外）をふった台に取り出し、丸めて台にのせ、ぬれぶきんをかけて20分休ませる。
❹ 生地を裏返し、めん棒で22×15cmの横長にのばし、ホワイトチョコを全体にのせて（左参照）向こう側からしっかりめにくるくる巻き、巻き終わりをつまんでとじる。オーブンシートを敷いた天板にのせ、ぬれぶきんをかけ、暖かい場所でひとまわり大きくなるまで発酵させる（60分くらい）。
❺ 強力粉（分量外）をふり、かみそりで斜めに4本切り込みを入れ、霧吹きで水をかけ、210℃に温めたオーブンで17〜18分焼く。

12. 紅茶いちじくパン 〔しかくパン〕

[材料]（13cm角のもの2個分）
A ｜ 強力粉…300g
　｜ 紅茶の葉（ティーバッグ）…2袋（4g）
　｜ 塩…小さじ1
ドライイースト…小さじ1/2（2g）
B ｜ 水…185g ＊
　｜ はちみつ…大さじ1 ＊
ドライいちじく…60g ＊＊

＊混ぜておく
＊＊1cm角に切り、水小さじ2をふる

[作り方]
❶❷　右と同じ。
❸　打ち粉（強力粉・分量外）をふった台に取り出し、カードで2等分し、丸めて台にのせ、ぬれぶきんをかけて20分休ませる。
❹　生地を裏返し、めん棒で18cm角にのばし、まん中にいちじくを1/4量ずつのせ、上1/3、下1/3の順に折りたたむ。めん棒で少し平らにし、まん中にいちじくを1/4量ずつのせ、左1/3、右1/3の順に折りたたみ、合わせ目と上下をつまんでとじる。裏返してめん棒で12cm角に整え、オーブンシートを敷いた天板にのせ、ぬれぶきんをかけて暖かい場所でひとまわり大きくなるまで発酵させる（60分くらい）。
❺　強力粉（分量外）をふり、かみそりで縦に1本、その両脇に斜めに3本ずつ切り込みを入れ（a）、霧吹きで水をかけ、210℃に温めたオーブンで16〜17分焼く。

a

13. ラズベリークリームチーズパン 〔たいらパン〕

[材料]（直径16cmのもの2個分）
A ｜ 強力粉…300g
　｜ きび砂糖…大さじ2
　｜ 塩…小さじ1
ドライイースト…小さじ1/2（2g）
B ｜ 水…185g
　｜ 太白ごま油…大さじ1
ラズベリー（冷凍）…10個
クリームチーズ…20g ＊
仕上げ用のグラニュー糖…小さじ2

＊10個にちぎる

[作り方]
❶　ボウルにAを入れてゴムベラで混ぜ、ドライイースト⇒Bの順に加えて混ぜる。ボウルの中で軽くこね、ひとまとめにし、ぬれぶきんをかけて10分休ませる。
❷　生地を台に取り出し、ベタつかなくなるまでこねる（3分）。油（分量外）を塗ったボウルに入れ、ぬれぶきんをかけ、暖かい場所で2倍になるまで発酵させる（3時間くらい）。
❸　左と同じ（丸めたあとは底をとじる）。
❹　めん棒で直径15cmにのばし、オーブンシートを敷いた天板にのせ、ぬれぶきんをかけて暖かい場所でひとまわり大きくなるまで発酵させる（60分くらい）。
❺　表面に太白ごま油（分量外）を塗り、指で3、4、3個の順にしっかり穴をあけ（62ページ参照）、ラズベリー（凍ったまま）とクリームチーズを5個ずつうめ込み、グラニュー糖を等分してふる。200℃に温めたオーブンで15〜16分焼く。

14. アーモンドシュガーバターパン

[材料]（18cm角のもの1個分）
A ┃ 強力粉…300g
　┃ きび砂糖…大さじ2
　┃ 塩…小さじ1
ドライイースト…小さじ½（2g）
調整豆乳…215g
【フィリング】
　アーモンドダイス…大さじ2＊
　グラニュー糖…大さじ1
　バター（有塩）…10g＊＊

＊フライパンの弱火でからいりする
＊＊室温に戻す

[作り方]
❶　ボウルにAを入れてゴムベラで混ぜ、ドライイースト⇒豆乳の順に加えて混ぜる。ボウルの中で軽くこね、ひとまとめにし、ぬれぶきんをかけて10分休ませる。
❷　生地を台に取り出し、ベタつかなくなるまでこねる（3分）。油（分量外）を塗ったボウルに入れ、ぬれぶきんをかけ、暖かい場所で2倍になるまで発酵させる（4時間くらい）。
❸　打ち粉（強力粉・分量外）をふった台に取り出し、丸めて台にのせ、ぬれぶきんをかけて20分休ませる。
❹　生地を裏返し、めん棒で27×24cmの横長にのばし、手前側を2～3cmあけてバター⇒アーモンド⇒グラニュー糖の順に広げる。向こう側からくるくる巻き、巻き終わりをつまんでとじ、カードで9等分に切る。オーブンシートを敷いた天板に3×3列にくっつけてのせ、ぬれぶきんをかけ、暖かい場所でひとまわり大きくなるまで発酵させる（60分くらい）。
❺　210℃に温めたオーブンで15～16分焼く。

＊バターなしで作ってもいい（くるくる模様は多少出にくくなる）

皮なしアーモンドを細かく刻んだアーモンドダイス。フライパンの弱火でからいりしてから使って。生地全体に混ぜてパンを作っても、ゴツゴツしてかわいい。ホールアーモンドを刻んで代用してもOK。「アーモンドダイス 32割」（富）⇒入手先は88ページ

ほろ苦いコーヒー風味の生地を細長くのばし、
みつあみにして、どーんと大きく焼き上げます。
アーモンドときび砂糖のトッピングが、味のアクセントに。
生地がうまくのばせない時は、5分ほど休ませるのがコツですよ。

15. コーヒーみつあみパン

[材料]（24cm長さのもの1本分）

A ｜ 強力粉…300g
　｜ きび砂糖…大さじ2
　｜ 塩…小さじ1
ドライイースト…小さじ1/2（2g）
B ｜ 水…190g＊
　｜ インスタントコーヒー（顆粒のもの）
　｜ 　…小さじ4＊
スライスアーモンド…小さじ2
仕上げ用のきび砂糖…大さじ1
仕上げ用の調整豆乳（または牛乳）
　…適量

＊合わせて溶いておく

[作り方]

❶　ボウルにAを入れてゴムベラで混ぜ、ドライイースト⇒Bの順に加えて混ぜる。ボウルの中で軽くこね、ひとまとめにし、ぬれぶきんをかけて10分休ませる。

❷　生地を台に取り出し、ベタつかなくなるまでこねる（3分）。油（分量外）を塗ったボウルに入れ、ぬれぶきんをかけ、暖かい場所で2倍になるまで発酵させる（3時間くらい）。

❸　打ち粉（強力粉・分量外）をふった台に取り出し、カードで3等分し、丸めて台にのせ、ぬれぶきんをかけて20分休ませる。

❹　生地を裏返し、めん棒で20×8cmの横長にのばし、向こう側からしっかりめにくるくる巻き、巻き終わりをつまんでとじる。転がして30cm長さに整え、3本をみつあみにし、オーブンシートを敷いた天板にのせ、ぬれぶきんをかけて暖かい場所でひとまわり大きくなるまで発酵させる（60分くらい）。

❺　表面に豆乳を塗ってスライスアーモンドをはりつけ、きび砂糖をふり、200℃に温めたオーブンで17〜18分焼く。

インスタントコーヒーは、顆粒タイプを使用。小さじ4で6〜7gくらい。水に溶いてから生地に混ぜることで、コーヒーが香る生地に仕上がる。

生地を裏返して手で横長の四角形にし、めん棒で20×8cmにのばしたら、向こう側からしっかりめにくるくる巻き、巻き終わりを指でつまんでとじる。これを3本作る。

台の上で転がし、それぞれ30cm長さに整える。3本を縦に並べ、上の部分をしっかりくっつける。

外側の1本をまん中に持ってくるのを左右交互にくり返し、みつあみにする。4回ほどあんだら、あみ終わりは指でしっかりくっつける。

ココア入りの生地で板チョコを巻き、アイシングをかけたおやつパン。
板チョコを巻く時に、さらにココアをふるのがポイントです。
ココアの風味も、もちろん強くなりますが、
これが、くるくるとしたうず巻きの表情を生み出してくれるのです。

16. ココアチョコパン くるくるパン

[材料]（18cm角のもの1個分）

A
- 強力粉…300g
- きび砂糖…大さじ2
- ココア…大さじ1
- 塩…小さじ1

ドライイースト…小さじ1/2（2g）
調整豆乳…220g

【フィリング】
- 板チョコ（ビター）…1枚（50g）*
- ココア…小さじ1

【アイシング】
- 粉砂糖…大さじ4
- 水…小さじ1

*手でなるべく小さく割る
（夏場は冷蔵室で冷やしておくといい）

[作り方]

❶ ボウルにAを入れてゴムベラで混ぜ、ドライイースト⇒豆乳の順に加えて混ぜる。ボウルの中で軽くこね、ひとまとめにし、ぬれぶきんをかけて10分休ませる。

❷ 生地を台に取り出し、ベタつかなくなるまでこねる（3分）。油（分量外）を塗ったボウルに入れ、ぬれぶきんをかけ、暖かい場所で2倍になるまで発酵させる（4時間くらい）。

❸ 打ち粉（強力粉・分量外）をふった台に取り出し、丸めて台にのせ、ぬれぶきんをかけて20分休ませる。

❹ 生地を裏返し、めん棒で27×24cmの横長にのばし、手前側を2〜3cmあけてチョコを広げ、ココアを茶こしでふる。向こう側からくるくる巻き、巻き終わりをつまんでとじ、カードで9等分に切る。オーブンシートを敷いた天板に3×3列にくっつけてのせ、ぬれぶきんをかけ、暖かい場所でひとまわり大きくなるまで発酵させる（60分くらい）。

❺ 210℃に温めたオーブンで15〜16分焼く。アイシングの材料をスプーンで混ぜ、パンが冷めたらかける。

板チョコは、ビターのほかミルクでもいい。生地に巻き込みやすいよう、手でなるべく小さく割る。チョコがやわらかいと割りにくいので、夏場は冷蔵室で冷やしておいて。

アイシングは、小さめの器に粉砂糖と水を入れ、スプーンでぐるぐるっと混ぜ、とろりと流れ落ちるかたさになればOK。パンが冷めてから、スプーンで全体にかける。

[コラム③]
パンによく合うジャム

焼きたてのでっかいパンに合う、ジャムのレシピです。
どれも、冷蔵室で1週間から10日は日持ちします。

りんごしょうがジャム

りんごがやわらかくなったら、
軽くつぶしながら煮て。
好みで、しょうがの分量は
もう少しふやしても。

[材料]（約200g分）
りんご…約1個（正味200g）
グラニュー糖…100g
レモン汁…大さじ1
しょうが（皮ごとすりおろす）
　…小さじ1

[作り方]
❶ りんごは皮をむいて芯を除き、1cm角に切り、その他の材料とともに鍋に入れ、30分おく。木ベラで軽くつぶしながら、とろみが出るまで弱火で15〜20分煮る。
＊クリームチーズと合わせて食べてもおいしい

ミルクジャム

木ベラで混ぜながら、
気長に煮詰めていって。
練乳のようにとろりとした、
濃厚な味わいが最高です。

[材料]（約70g分）
生クリーム…200ml
牛乳…100ml
グラニュー糖…30g

[作り方]
❶ 鍋に材料をすべて入れ、木ベラで混ぜながらとろみが出るまで弱火で25〜30分煮る。
＊いちごやバナナにかけても美味

バナナシナモンジャム

ほんのりシナモンをきかせた、
やさしい味わい。
熟れたバナナで作れば、
すぐにでき上がりです。

[材料]（約260g分）
バナナ…大2本（正味200g）
グラニュー糖…100g
レモン汁…大さじ1
シナモンパウダー…小さじ1/4

[作り方]
❶ バナナは小さめにちぎり、その他の材料とともに鍋に入れ、木ベラで混ぜながらとろみが出るまで弱火で10〜15分煮る。
＊バニラアイスクリームにのせてもおいしい

グレープフルーツレモンジャム

薄切りレモンを合わせた、
さわやかなジャム。
レモンを抜いても
おいしく作れます。

[材料]（約140g分）
グレープフルーツ
　…約1個（正味200g）
レモン（皮ごと薄いいちょう切り）
　…1/4個＊
グラニュー糖…100g
＊ワックス不使用のもの

[作り方]
❶ グレープフルーツは薄皮をむき、その他の材料とともに鍋に入れ、木ベラで混ぜながらとろみが出るまで弱火で25〜30分煮る。
＊ヨーグルトにかけてもよく合う

4章 ごちそうでっかパン

数種類のナッツやカマンベールチーズ、ブルーチーズ、カレンツなど、
少しぜいたくな材料を使った、お店に並んでいそうなパンです。
扱う材料はやや多いけれど、基本の生地の作り方はほかと同じ。
焼き上がりにはちみつやメープルシロップをかけて食べると、
さらにリッチな味わいになって、おもてなしにもおすすめです。

1. 紅茶りんごパン

紅茶液を水のかわりに使い、さらに紅茶の葉も加えた、
紅茶の香りが口いっぱいに広がるぜいたくなパン。
そこに、フレッシュなりんごとグラニュー糖を加えれば、
お菓子のように楽しめる、ティータイムにぴったりの味です。

》作り方は82ページ

2. 3種の ナッツパン

パン屋さんに並んでいるような、ナッツが詰まった大きなパン。
ナッツは塩味がついていなければ、好みのもので大丈夫です。
4〜5種類混ぜて作ってもいいと思いますが、
合計で90gになるようにしてくださいね。

» 作り方は83ページ

3. カマンベールパン

切ったカマンベールをたっぷり包み込んだパンです。
こんなぜいたくなパンが作れるのも、おうちで焼くからこそ。
生地に黒こしょうやドライハーブを混ぜたりと、
アレンジもぜひ楽しんでみてください。

》作り方は84ページ

4. ブルーチーズくるみパン

ブルーチーズとはちみつと黒こしょう。この組み合わせが、心から大好きなのですが、そこにくるみまで加えてしまいました。濃厚で塩けのあるブルーチーズに、はちみつのやさしい甘み、黒こしょうのピリリが、最高においしいのです。

» 作り方は85ページ

1. 紅茶りんごパン

[材料]（19×13cmのもの2個分）
A ｜ 強力粉…300g
　｜ きび砂糖…大さじ2
　｜ 紅茶の葉(ティーバッグ)…2袋(4g)
　｜ 塩…小さじ1
ドライイースト…小さじ1/2 (2g)
B ｜ 熱湯…220g ＊
　｜ 紅茶の葉(ティーバッグ)…2袋(4g)＊
りんご…約1/4個(正味70g)＊＊
仕上げ用のグラニュー糖…小さじ2

＊熱湯にティーバッグを加えて15分蒸らし、
紅茶液185g分を用意し、冷ます
＊＊皮ごと1.5cm角に切り、18切れ分を用意する

[作り方]

❶ ボウルにAを入れてゴムベラで混ぜ、ドライイースト⇒Bの紅茶液の順に加えて混ぜる。ボウルの中で軽くこね、ひとまとめにし、ぬれぶきんをかけて10分休ませる。

❷ 生地を台に取り出し、ベタつかなくなるまでこねる(3分)。油(分量外)を塗ったボウルに入れ、ぬれぶきんをかけ、暖かい場所で2倍になるまで発酵させる(3時間くらい)。

❸ 打ち粉(強力粉・分量外)をふった台に取り出し、カードで2等分し、丸めて底をとじて台にのせ、ぬれぶきんをかけて20分休ませる。

❹ めん棒で18×12cmのだ円にのばし、オーブンシートを敷いた天板にのせ、ぬれぶきんをかけて暖かい場所でひとまわり大きくなるまで発酵させる(60分くらい)。

❺ 表面に太白ごま油(分量外)を塗り、指で3×3列にしっかり穴をあけ、りんごを1切れずつうめ込み、グラニュー糖を等分してふる。200℃に温めたオーブンで15〜16分焼く。

生地に太白ごま油を塗ったら、人さし指で押して3×3列に穴をあける。底までしっかり穴をあけないと、焼いた時に穴がなくなるので気をつけて。

↓

9個の穴に、りんごを1切れずつ入れる。生地に弾力があって押し戻されるので、底までしっかりうめ込むように。このあと、グラニュー糖をふって焼く。

2. 3種のナッツパン

[材料]（27cm長さのもの1本分）
A ｜ 強力粉…250g
　　全粒粉（強力粉タイプ）…50g
　　きび砂糖…大さじ2
　　塩…小さじ1
ドライイースト…小さじ1/2（2g）
水…185g
アーモンド（ホール）…30g＊
カシューナッツ…30g＊
マカダミアナッツ…30g＊

＊半分に切り、フライパンの弱火でからいりする

[作り方]

❶ ボウルにAを入れてゴムベラで混ぜ、ドライイースト⇒水の順に加えて混ぜる。ボウルの中で軽くこね、ひとまとめにし、ぬれぶきんをかけて10分休ませる。

❷ 生地を台に取り出し、ベタつかなくなるまでこねる（3分）。カードで10個に切ってボウルに入れ、ナッツ類を加えて軽くこねて混ぜ込む。油（分量外）を塗ったボウルに入れ、ぬれぶきんをかけ、暖かい場所で2倍になるまで発酵させる（3時間くらい）。

❸ 打ち粉（強力粉・分量外）をふった台に取り出し、丸めて台にのせ、ぬれぶきんをかけて20分休ませる。

❹ 生地を裏返し、めん棒で22×15cmの横長にのばし、向こう側からしっかりめにくるくる巻き、巻き終わりをつまんでとじる。オーブンシートを敷いた天板にのせ、ぬれぶきんをかけ、暖かい場所でひとまわり大きくなるまで発酵させる（60分くらい）。

❺ 全粒粉（分量外）をふり、かみそりであみ目状に切り込みを入れ、霧吹きで水をかけ、210℃に温めたオーブンで17〜18分焼く。

ナッツはアーモンド（上）、カシューナッツ（左下）、マカダミアナッツを半分に切って使用。塩味のついていないものを選んで。好みでくるみやピスタチオでも。＊写真はすべてロースト済みのもの（富）⇒入手先は88ページ

生地をカードで10個に切ってボウルに入れたら、3種類のナッツを加えて軽くこねて混ぜ込む。これで、生地にナッツが均等にいきわたる。

あみ目状の切り込みは、かみそりでまずまん中に斜めに1本、その上下に斜めに1本ずつ入れる。向きを変えて同様に3本入れると、きれいなあみ目に。

3. カマンベールパン しかくパン

[材料]（13cm角のもの2個分）

A ｜ 強力粉…260g
　｜ 全粒粉（強力粉タイプ）…40g
　｜ 塩…小さじ1
ドライイースト…小さじ1/2（2g）
B ｜ 水…185g＊
　｜ はちみつ…大さじ1＊
カマンベールチーズ…1個（100g）＊＊

＊混ぜておく
＊＊放射状に16等分に切る

[作り方]

❶ ボウルにAを入れてゴムベラで混ぜ、ドライイースト⇒Bの順に加えて混ぜる。ボウルの中で軽くこね、ひとまとめにし、ぬれぶきんをかけて10分休ませる。

❷ 生地を台に取り出し、ベタつかなくなるまでこねる（3分）。油（分量外）を塗ったボウルに入れ、ぬれぶきんをかけ、暖かい場所で2倍になるまで発酵させる（3時間くらい）。

❸ 打ち粉（強力粉・分量外）をふった台に取り出し、カードで2等分し、丸めて台にのせ、ぬれぶきんをかけて20分休ませる。

❹ 生地を裏返し、めん棒で18cm角にのばし、まん中にカマンベールを5切れずつのせ、上1/3、下1/3の順に折りたたむ。めん棒で少し平らにし、まん中にカマンベールを3切れずつのせ、左1/3、右1/3の順に折りたたみ、合わせ目と上下をつまんでとじる。裏返してめん棒で12cm角に整え、オーブンシートを敷いた天板にのせ、ぬれぶきんをかけて暖かい場所でひとまわり大きくなるまで発酵させる（60分くらい）。

❺ 全粒粉（分量外）をふり、かみそりでまわりに8本切り込みを入れ、霧吹きで水をかけ、210℃に温めたオーブンで16〜17分焼く。好みでメープルシロップをつけて食べる。

生地を裏返し、めん棒で18cm角にのばしたら、まん中にカマンベールチーズを5切れずつのせ、上1/3を折りたたむ。少し重ねるようにして、下1/3も折りたたむ。
↓

めん棒で少し平らにし、再びまん中にカマンベールチーズを3切れずつのせ、同様に少し重ねるようにして左右を折りたたむ。このあと、合わせ目と上下をつまんでとじる。

切り込みは、かみそりでまず4つの角に向かって1本ずつ入れ、そのあとその間に1本ずつ入れる。

4. ブルーチーズくるみパン くるくるパン

[材料]（18cm角のもの1個分）
A ｜ 強力粉…300g
　｜ きび砂糖…大さじ2
　｜ 塩…小さじ1
ドライイースト…小さじ½（2g）
調整豆乳…215g
【フィリング】
　ブルーチーズ（小さめにちぎる）…20g
　ピザ用チーズ…½カップ（50g）
　くるみ…40g＊
仕上げ用のはちみつ、粗びき黒こしょう
　…各適量

＊手で小さく割り、フライパンの弱火でからいりする

[作り方]

❶ ボウルにAを入れてゴムベラで混ぜ、ドライイースト⇒豆乳の順に加えて混ぜる。ボウルの中で軽くこね、ひとまとめにし、ぬれぶきんをかけて10分休ませる。

❷ 生地を台に取り出し、ベタつかなくなるまでこねる（3分）。油（分量外）を塗ったボウルに入れ、ぬれぶきんをかけ、暖かい場所で2倍になるまで発酵させる（4時間くらい）。

❸ 打ち粉（強力粉・分量外）をふった台に取り出し、丸めて台にのせ、ぬれぶきんをかけて20分休ませる。

❹ 生地を裏返し、めん棒で27×24cmの横長にのばし、手前側を2～3cmあけてくるみ⇒チーズ類の順に広げる。向こう側からくるくる巻き、巻き終わりをつまんでとじ、カードで9等分に切る。オーブンシートを敷いた天板に3×3列にくっつけてのせ、ぬれぶきんをかけ、暖かい場所でひとまわり大きくなるまで発酵させる（60分くらい）。

❺ 210℃に温めたオーブンで15～16分焼き、はちみつと黒こしょうをかけて食べる。

ブルーチーズは青カビを使って熟成させたチーズで、イタリアのゴルゴンゾーラを使用。強い風味と濃厚な塩けが特徴で、はちみつや黒こしょうとの相性も抜群。デンマークのダナブルーなど、ほかのブルーチーズでもOK。

ドイツパンでおなじみのライ麦粉を加えた、やや個性的なパン。
ライ麦粉は、多いと生地がまとまりにくくなるので、
やや少なめにとどめ、全粒粉と合わせて使うのがおすすめです。
カレンツとナッツをぜいたくに混ぜ込めば、手土産にもぴったり。

5. ライ麦カレンツパン

[材料]（直径17cmのもの1個分）

A　強力粉…250g
　　全粒粉（強力粉タイプ）…30g
　　ライ麦粉（細挽きタイプ）…20g
　　きび砂糖…大さじ2
　　塩…小さじ1
ドライイースト…小さじ½（2g）
水…185g
カレンツ…60g＊
カシューナッツ…40g＊＊

＊白ワイン（または水）小さじ1をふる
＊＊4等分に切り、フライパンの弱火でからいりする

[作り方]

❶　ボウルにAを入れてゴムベラで混ぜ、ドライイースト⇒水の順に加えて混ぜる。ボウルの中で軽くこね、ひとまとめにし、ぬれぶきんをかけて10分休ませる。

❷　生地を台に取り出し、ベタつかなくなるまでこねる（3分）。カードで10個に切ってボウルに入れ、カレンツとカシューナッツを加えて軽くこねて混ぜ込む。油（分量外）を塗ったボウルに入れ、ぬれぶきんをかけ、暖かい場所で2倍になるまで発酵させる（3時間くらい）。

❸　打ち粉（強力粉・分量外）をふった台に取り出し、丸めて台にのせ、ぬれぶきんをかけて20分休ませる。

❹　生地を丸め直し、底はつまんでとじ、オーブンシートを敷いた天板にのせる。手で少し平らにし、ぬれぶきんをかけ、暖かい場所でひとまわり大きくなるまで発酵させる（60分くらい）。

❺　ライ麦粉（分量外）をふり、かみそりで＊の形に切り込みを入れ、霧吹きで水をかけ、210℃に温めたオーブンで18〜19分焼く。好みで「りんごしょうがジャム」（76ページ）をつけて食べる。

ライ麦粉は酸味と独特の風味を持つ粉で、グルテンが作られないため、どっしりとした生地に仕上がるのが特徴。生地がつながりづらくなるので、量はふやさないで。小粒のレーズン・カレンツは、白ワインで風味を加えて。「ライ麦全粒粉 細挽 鳥越製粉」「カレンズ」（富）⇒入手先は88ページ

生地をカードで10個に切ってボウルに入れたら、カレンツとナッツを加えて軽くこねて混ぜ込む。これで、生地全体に具材が均等にいきわたる。

＊の形の切り込みは、かみそりでまず縦に1本、そのあと斜めに2本切り込みを入れると、バランスよく仕上がる。

幸栄（ゆきえ）

1979年広島県生まれ。13歳と10歳の2人の女の子のママ。19〜25歳までモデルとして活躍し、長女の出産を機に引退、パンの道へ。いくつかのパン教室に通った後、本格的なパン作りを学ぶためにベーカリーに勤務。2010年から神奈川県の自宅で、少人数制の「少ないイーストで作るパン」「自家製酵母＋少ないイーストで作るパン」の教室「toiro（トイロ）」をスタート。日々の暮らしに寄り添うパン作りを大切に考えている。著書に『「ちょっとのイースト」で作る まるパンとベーグルの本』『「ちょっとのイースト」で作る プチパンとベーグルの本』『「ちょっとのイースト」で作る ベーグルとピザの本』(すべて小社刊)など。
http://toiroyukie.com

でっかいパン

著　者／幸栄（ゆきえ）
編集人／小田真一
発行人／倉次辰男
発行所／株式会社 主婦と生活社
　　　　〒104-8357　東京都中央区京橋3-5-7
　　　　Tel.03-3563-5321（編集部）
　　　　Tel.03-3563-5121（販売部）
　　　　Tel.03-3563-5125（生産部）
　　　　http://www.shufu.co.jp
印刷所／凸版印刷株式会社
製本所／株式会社若林製本工場
ISBN978-4-391-15358-3

落丁・乱丁の場合はお取り替えいたします。お買い求めの書店か、小社生産部までお申し出ください。
Ⓡ本書を無断で複写複製（電子化を含む）することは、著作権法上の例外を除き、禁じられています。本書をコピーされる場合は、事前に日本複製権センター（JRRC）の許諾を受けてください。
また、本書を代行業者等の第三者に依頼してスキャンやデジタル化をすることは、たとえ個人や家庭内の利用であっても一切認められておりません。
JRRC（https://jrrc.or.jp　Eメール:jrrc_info@jrrc.or.jp　Tel:03-3401-2382）

©YUKIE 2019　Printed in Japan

お送りいただいた個人情報は、今後の編集企画の参考としてのみ使用し、他の目的には使用いたしません。
詳しくは当社のプライバシーポリシー（http://www.shufu.co.jp/privacy/）をご覧ください。

デザイン／石松あや（しまりすデザインセンター）
撮影／衛藤キヨコ
描き文字・イラスト／林 舞

取材／中山み登り
校閲／滄流社
編集／足立昭子

材料提供／竹本油脂株式会社

◎（富）→TOMIZ（富澤商店）＊材料提供
オンラインショップ　https://tomiz.com
Tel.042-776-6488
（月〜金 9:00〜17:00、土 9:00〜15:00）
製菓・製パン材料を中心に、幅広い食材をそろえる食材専門店。オンラインショップのほか、全国に直営店があります。

＊商品の取り扱い先は、2019年9月20日現在のものです。お店や商品の状況によって、同じものが入手できない場合もあります。あらかじめご了承ください。